日本語教育に創作活動を！

詩や物語を書いて日本語を学ぶ

ココ出版

はじめに

　本書は、日本語教育の現場で詩や物語の創作を取り入れたいと思っている方、授業のなかで学習者が日本語で表現する可能性を広げたいと願っている方に読んでいただきたいと思って書いたものです。また、すでに俳句などを取り入れてやっているけれども、「本当にこれでいいのだろうか」「日本語の学習として役に立っているのだろうか」「ただ楽しみのためにやっているような気がする」など言語学習における創作活動の有用性に疑問を持っている方、何のために日本語の授業として創作をするのか確信を持てずにいる（迷いながらやっている）先生方にも読んでいただけたらと思います。

　日本語教育の現場に立つ教師にとって、新米教師であれベテラン教師であれ、目の前の授業をどのようにデザインしていけばよいか、どのような学習が学習者にとって役立つかということは悩みの種です。そして、より良い授業を目指して、日々、試行錯誤していることでしょう。幸い、そうした教師を助けてくれるテキストが開発され、経験の浅い日本語教師でも文型・文法事項をどう教えたら良いか教え方のコツを紹介した本や、学習項目に沿ってどのような授業を作ったらよいかといった活動アイデア集などが充実してきました。また近年、日本語教育で注目されている対話や協働を重視した授業をどのようにデザインすればよいかといった授業の手引きもあります。筆者もそうした書

籍に多くのヒントをもらい、大変助けられてきました。しかし、教師が相手にする「学習者」や「教室」は百人百様で、教師はそうした手引きやアイデア本からヒントを得ながらも、現場に合うようにアレンジ（カスタマイズ）しながら授業をデザインする必要があります。筆者も試行錯誤するなかで次第に、学習者が日本語を使ってもっと自由に、もっと生き生きと表現できる場をつくる方法はないかと思うようになりました。そうして日本語の授業に取り入れるようになったのが、詩や物語の創作活動です。ところが、日本語教育における「創作」に関する先行研究は少なく、どのように実践したらよいか、どのような活動が実現可能なのかは、文字通り手探りでした。

　授業の中で創作活動をするためには、なんらかの「しかけ」が必要です。「さあ、自分のことを語ってください」といって語ってもらう会話や作文のようには、「さあ、物語を書いてください」と言われて書けるものではありません。創造的想像力（クリエイティビティ）というのは、だれもが潜在的に持っている能力です。ですが、創作に取り組むことはそう簡単なことではありません。それも教室という場で、限られた時間の中で学習者の創造的想像力を発揮させるためには、なんらかの工夫が必要です。創造性と学習の世界的研究者の一人であるキース・ソーヤーも「創造性教育というと野放図な探索と自己表現をさせるのだろうと思われがちですが、授業の活動に制約と構造を設けたほうが創造的な知識の学習効果が高まる」（ソーヤー 2021:20）と述べています。真っ白な紙に向かっていきなり創作に取り組むことは、学習者にとっても教師にとっても難しいことです。だれもが取り組めるようにするためには、そのための「しかけ」が必要なのですが、残念ながら日本語教育にはそうしたアイデアの蓄積がありませんでした。

　そこで、日本語教育の外にも視野を広げて、日本語教育

で使える「しかけ」を発掘し、提案しようというのが本書の目的の一つです。本書では、どのような「しかけ」を用意すれば日本語教育における実り豊かな創作活動が実現できるのかを、実践例を紹介しながら検討していきたいと思います。しかし、その一方で「そもそも創作は日本語の勉強になるのか」と疑問に思われる方もいるかもしれません。確かに、従来の文法・文型重視や実用性重視の日本語教育における言語学習観（言語教育観）からは、創作による学習の可能性や意義を見出しにくいかもしれません。本書では、日本語での「創作」活動が、学習者の創造的想像力を触発し、それによって学習者の日本語の学びを支援するものであると考えています。日本語での創作を通じて学習者がどのような学びをしているのか、できるだけ多くの実践例（事例）を通して検討し、日本語教育において創作することの意味を明らかにできたらと思います。

　本書を通じて、つぎのような日本語教師の先生方の疑問にお答えしたいと思っています。

・日本語で、もっと自由に表現する機会をつくりたい
・予定調和的な学習ではなく、生き生きとした授業がしたい
・レベルが混在するクラスでもできる活動を探している
・授業で創作をしているけれど、本当に言語習得に役立っているのか確信が持てない

　本書は3部構成になっています。第1部は【理論編】で、日本語教育でなぜ「創作」に注目するのか、それは日本語教育にどのように有効であるのかについて述べます。また、日本語学習としての創作の意義を理解するための視点として、「日本語学習的コミュニケーション（学習会話[1]）」という考え方を提示します。母語ではない目標言語で行う創

作活動は、語学学習として意味があるだけでなく、動機づけや学習意欲を高めることにも有効だと考えられます。詩や物語の創作を取り入れてきたけれども、日本語習得の役に立っているか確信が持てないという先生方にはぜひ読んでいただきたいです。しかし、理論はいいからとにかく実践方法を知りたいという方は、第2部の【実践編】から読んでいただけたらと思います。

　第2部の【実践編】は、筆者がこれまでに実際に行ってきた詩や物語の創作活動の事例を紹介しています[2]。【理論編】で学習環境をデザインする際にヒントとなる5つの視点を提示していますが、【実践編】では、その5つの視点に沿って具体的な実践事例を紹介しています。まず実践の前提となる絵本の教材研究があり、詩歌、超ショートショート、絵本づくりなど、8つの活動事例を紹介しています。【実践編】で気になる事例を見てから、その背景にある理論を知りたくなったら【理論編】を見るというのも良いでしょう。

　第3部は【展望編】です。ここでは理論編や実践編を踏まえ、今後の展望として、創作を取り入れた新しい日本語教育実践を実現するために求められる考え方としてその背景にある言語観や言語教育観について述べました。本書では、日本語教育における「創作」の今日的意義を、複言語複文化的な言語教育観に基づく日本語教育の自己表現のあり方にあると見ています。ここでの提案が日本語教育において「日本語創作」の教育的可能性を議論するきっかけになれば幸いです。

　なお、本書では「創作」を、虚構（フィクション、ファンタジー）を含む詩や物語の創作の意で用いています。

注　　　　　　［1］ズィヤーズ（2019/2021）は、学校における「話し合い活動」や「対話的な学び」におけるやり取りを「学習会話（Academic Conversations）」と呼んでいます。充実した学習会話は、生徒が学習内容の理解を深め、思考力や言語能力を高めるうえで有効な手段とされますが、それだけでなく社会的・感情的スキルを向上させる、学び手としての自信と自覚を高める、公平性を促進する、教師は指導にいかすための生徒の学びの実態を把握できるなど多くの恩恵をもたらすとされます。ズィヤーズ（2019/2021）では、「話し合い活動」がなぜ重要か、どのような方法で行えばいいか、またうまくいかない原因やその解決策は何かを、一対一のやり取りに焦点をあてながら具体的に提示しています。筆者の「日本語学習的コミュニケーション」は、一対一のやり取りに限定するものではありませんが、教室内の複数人での重層的なやり取りは一対一のやり取りを基盤としているものであり、また、対話的な学びの充実は一対一のやり取りの改善にあるとするズィヤーズ（2019/2021）の主張に大いに共感するものです。

　　　　　　［2］本書で紹介する事例については、実践研究を行う際に研究の目的、方法、期待される結果と研究協力に関する利益・不利益を説明したうえで研究協力者の了承を得て実施したものです。また研究の趣旨、協力依頼の内容、自由参加の権利、匿名性確保の方法等を口頭で説明し、同意を得たうえで録音しました。データの公表にあたっては研究協力者のプライバシーを守るため、研究協力者が特定できないよう配慮しました。

目次

第1部
理論編

日本語教育で創作活動が
されてこなかったのはなぜか

1 | 創造社会における日本語教育：つくることによる学び

　近年、日本語教育でも注目されるヨーロッパ言語共通参照枠（以下、CEFR）を見ると、「産出活動（書くこと）」に「創作」ということばを確認することができます。その活動Can-doリストの「作文を書く」には「物語をつくることができる」（B1レベル）とあります。同様に、CEFRを基に作られたJF日本語教育スタンダード（以下、JFスタンダード）のCan-doリストにも「産出活動（書くこと）」に「簡単な言葉をつなげて、自然や環境を題材にした詩や俳句、標語などを作ることができる」（A2レベル）や、「所属する演劇サークルなどのために昔話などを題材にして、物語の展開を明瞭に詳しく表した現代劇のシナリオを書くことができる」（B2レベル）といった記述がみられます[1]。

　しかし実のところ、日本語教育における「創作」への関心はあまり高くないようです。たとえば、日本語教育学会学会誌『日本語教育』の創刊号（1962）から184号（2023）までの研究蓄積を見渡しても、作文関連の研究はあっても、詩や物語の「創作」に関する論考は見当たりません。日本語教育学会編纂の『新版日本語教育事典』（2005）にも「創作」に関する記述はなく、手元にある作文指導の手引き書においても「創作」への言及はみられません（国際

交流基金2010、大森・鴻野2013、石黒編2014)。俳句の創作や4コマ漫画にストーリーをつけるといった活動は、おそらく現場の教師の裁量で少なからず行われているものと思われますが、残念ながら詩や物語を書く創作活動については十分に議論されているとは言えません。

　井庭崇は編著『クリエイティブ・ラーニング』(2019)で、これからの学びは「つくることによる学び(クリエイティブ・ラーニング)」へとシフトしていくと述べています。井庭は、社会とそこでの学習のあり方を、消費社会における「教わることによる学び(知識伝達)」から情報社会における「話すことによる学び(コミュニケーション)」、そして創造社会[2]における「つくることによる学び(創造的学び)」へ、という変化で捉えています。

　たしかに日本語教育でも言語形式の習得を目指した「教わることによる学び(知識伝達)」から、コミュニケーション重視の実用的な言語技能の獲得をめざした学習や、対話を通じて学習者の自己形成や自己実現を目指す学習など「話すことによる学び(コミュニケーション)」へと学びのシフトを経験してきました[3]。筆者はCEFRやJFスタンダードに現れた「創作」は、そうした学びのシフトの中の「つくることによる学び」の萌芽と見ることができるのではないかと考えています。

　「つくることによる学び」における教師の役割は、学習者がつくることを支援すると同時に、学習者と共に問題に挑戦し取り組む「ジェネレーター(生成する人)[4]」であることだと井庭はいいます。教師には「つくる」ことによって高みまで登る「経験」と、その創造的な活動から学ぶ「機会」を提供することが求められます。しかし、CEFRやJFスタンダードには、「創作」や「物語を書くこと」に関して、具体的な方策やそれを支える学習理論は示されていません。はたして「物語を書く」という創作活動は、こ

4

とばの学習としてどのような可能性を有しているのでしょうか。日本語の教室で創作活動を行うとすれば、教師はどのように「つくる場（経験・機会）」を実現すればよいのでしょうか。

2 日本語教育で創作活動がされてこなかったのはなぜか

2.1 評価のためでなく「つくることによる学び」の喜びを

　筆者は10年近くに亘って韓国の大学日本語教育に携わってきました。韓国は、日本にも増して受験競争が厳しいということはよく知られていますが、大学教育においても学生たちは競争にさらされています。授業の中で求められる発表やレポートなども相対的に評価されることが前提となっており、それが就職活動にも影響するため学生たちは必死です。そもそも日本語教育自体が、記憶力で勝負し、点数で評価される傾向の強い科目です。そのような環境の中で、学生たちと創作活動をすると、表現したいことが「形」になったとき、学生の表情がパッと変わり、明るくなる瞬間に出会います。間近に学生の喜びに触れると、筆者も大きな喜びを感じますし、また、そこから多くのことを学びました。こうした経験から、たとえ短い作品であっても、創造的想像力によってこの世になかった物語を自らの手で生み出し鑑賞する、ということに重きをおいた学習、「つくることによる学び」を経験する場を用意することが必要だと考えるようになりました。

2.2 表現活動を阻害するものは何か

　日本語教育において、語彙や文法などの知識を学ぶのは重要です。しかし、日本語教育の目指すところは、単に語彙や文法を正確に身につけることではなく、それを使ってコミュニケーションしたり、表現したりすることにあるはずです。

韓国の大学で外国語である日本語を学ぶ学習者にとって、「教室」は「日本語で表現できる」貴重な場の一つです。ところが、その「教室」が、学習者が生き生きと表現できる場としてあるためには、いくつかの困難を抱えています。

　そのうちの一つは、クラス内の日本語習得レベルの差の大きさです。韓国の大学日本語教育では、学年別の科目編成になっており、多くの場合レベル別のクラス分けは行われません。そのため20名前後のクラスには、中学・高校から日本語を学び始め大学入学時にはすでに日本語能力試験（JLPT）N1を取得している学生もいれば、入学時にゼロ初級の学生も混在しています。いわゆる学習項目の習得が目指された授業では、どの学年のどの授業でも、日本語レベルの高い学生も、そうでない学生も満足できないということが生じます。

　もう一つ、学習の動機づけもまた、難しい課題です。韓国の大学の日本語学科には、実は日本語専攻を全く希望しなかったにもかかわらず不本意ながらも在籍することになった学生も一定数おり、日本語学習に積極的な動機を見出せないまま過ごす学生もいます。一方で、非常に高い学習動機をもって入学してくる学生ももちろんいます。つまり、ただ単に日本語能力のレベル差があるだけでなく、日本や日本語に対する興味関心の高さにもかなりの温度差があるのです。

　そうした中で最も強力な動機づけとなるのが、「就職対策」です。韓国は史上最悪ともいわれる「超就職氷河期」に直面しており、日本語能力は就職活動のための「スペック[5]」と見なされ、近年その傾向はますます強まっています。このような実用指向は、手軽な動機づけになるかもしれませんが、ある意味で学生に対する「脅し」のようにも思えてなりません。そして、これは学生にとってそうであ

るというだけでなく、教師にとっても同様です。

　韓国の大学も教員の裁量で自由に授業をデザインすることができるのですが、実際には、昨今の強い社会的要請を受け、必要以上に「実用性」が求められ、「スペック」ありきの授業が増えているように思われてなりません。日本語教育が持つ実用指向と、社会的要請としての実用指向は、より一層、教師を学習項目の習得とその評価を前提とした教育活動へと駆り立てるのです。

　ここまで韓国の大学における日本語教育の現状・問題点について書いてきましたが、翻って日本の日本語教育をみても、状況はそれほど変わらないように思われます。大学受験を控える日本語学校の授業などはまさにそうだと思いますが、外国人技能実習生やEPA（経済連携協定）に基づく介護士・看護師候補者に対する日本語教育も、さらには留学生を対象にした大学日本語教育でも就活のためのビジネス・ジャパニーズの強化などにおいて、日本語能力試験をはじめとする資格を前提とした教育や日本語の実用性が重視されていることを考えると、実は、日本国内の日本語教育も同様に同じ問題を抱えているのです。

　細川英雄は、学習項目の習得が教室活動として目的化され、それが能力を測定するテストの方式と一体化すれば、日本語教師はこの目的主義のなかで身動きが取れなくなってしまう、と危惧しています（細川2007a）。

　日本語教育固有の教育課題として「日本語能力の育成（スキルの獲得）」があるのは当然のことであり、これを否定するものではありません。しかし、社会的要請があるからといって、それに従って近視眼的に社会経済に寄与する人材（能力）を育成していればよいというものではないはずです。かつてフレイレが社会を変革する人間の学びとして教育を捉えたように（フレイレ1970/2011）、現状追随型の人材育成に終始するのではなく、長期的な展望を持ち、人

生や社会をより良いものにしていけるよう、一人ひとりが潜在能力を発揮できるようになるための創造的な教育・学習の場として日本語教育を展開していく必要があるのではないでしょうか。

2.3　技能主義・実用主義だけでは計れないもの
文学的文章の教育的意義

　国文学者のロバート・キャンベルは「市民社会の中で、人間が本来の創造性を追求するさまざまな能力や、幸福を追求するための重要な力は、言葉をどう学び、その中で自分の思考をどう豊かにしていくかということに深くかかわっている」(キャンベル・紅野2019: 42) として、古典を含めた広義の文学はことばを学ぶための非常に豊かなリソースだと述べています。ある町の図書館の分類別蔵書数を見ると、おおよそ25％〜30％を詩や小説などが占め、分類別貸出冊数に至っては50％近くを小説が占めています (資料1、2参照)。また、毎年市場に送り出される書籍の新刊発行部数のうち約40％を「文学」部門が占めます (資料3参照)。このように世の中で読まれているものの半数は小説などの文学的な作品であるにもかかわらず、日本語教育ではこの領域は等閑視され、もっぱら論説やノンフィクションなどの読解やライティングが大半を占めてきました。大学日本語教育においてアカデミックな読解や書く活動が重要なのは疑いのない事実ではありますが、学習者の人生全体を考えたとき、学習者は学習者であると同時に、社会人であり、市民であり、文化を享受・創造する存在でもあります。学習者の言語活動・精神活動を支えることばの働きには、文学的言語も欠かせないはずです。

　日本語教育から話は逸れますが、文学的文章の教育的意義に関して、国語教育における議論について少し触れたいと思います。2022年度から実施された平成30年改訂学習

指導要領（以下、新学習指導要領）の「高校国語」では、共通履修科目として「現代の国語」及び「言語文化」が、選択科目として「論理国語」と「文学国語」が新設されました。なかでもこの改訂にあたって大きな議論を呼んだのが「論理国語」と「文学国語」です。ここでは改訂の是非について深く立ち入ることはしませんが、この議論によって、文学の持つ教育的意義が明確になると同時に、昨今の言語教育を取り巻く問題も浮き彫りになったので、注目に値します。

　新学習指導要領では「文学国語」について、「主として、『思考力、判断力、表現力等』の感性・情緒面の力を育成する科目」であり、「深く共感したり豊かに想像したりして、書いたり読んだりする資質・能力」を育成するものとしています（文部科学省2018）。

　ことばの持つ価値には「言葉によって自分の考えを形成したり新しい考えを生み出したりすること、言葉から様々なことを感じたり、感じたことを言葉にしたりすることで心を豊かにすること、言葉を通じて他者や社会とかかわり自他の存在について理解を深めることなど」（文部科学省2018:24）があり、文学を通じた学習によって、そうしたことばの価値への認識を深め言語感覚を磨いていくことが必要だとされます。

　このように新学習指導要領では、文学的文章の教育的意義が明確に認識され位置づけられているにもかかわらず、今回の改訂によって「論理国語」との二者択一的な選択科目であることから、社会的要請としての実用指向を背景に、実質的には「文学」が学ばれない状況が生まれることが危惧されています[6]。

国語教育との差異化を図った戦後の日本語教育
　では、なぜ日本語教育の分野では、文学的文章の教育的

第

意義が十分に顧みられてこなかったのでしょうか。結論を先取りして言えば、そもそも戦後の日本語教育がその学問領域を確立していくにあたって、国語教育との差異化を図るために「文学作品を扱わない」ことにその独自性を見出してきたことが一つの要因としてあると思われます。

　細川英雄は、戦後、第二言語教育として新しく出発した日本語教育が、戦前の植民地主義を脱却すべく新しい理念と方法を確立するために目指したことは、第一に国語教育からの離脱であった、と指摘しています（細川1999）。そして、そのことが日本語教育において「国語教育の文学鑑賞主義を排除し、言語形式確定への強い意思」（同:6）を生み、その結果、「基本語彙・文型の確定へと日本語教育はその力を注ぐことになった」（同: 6）と言います。戦後の日本語教育における文学の排除は、国語教育との「棲み分け」を図る一つの重要な指標だったのです。

　このように一度は袂を分かった国語教育と日本語教育ですが、1990年代も半ばになると国際化の波を受け、国語教育と日本語教育の双方から「日本語の教育」の統合や連携の必要性が叫ばれるようになります（甲斐・赤堀・川口他1997）。甲斐睦朗は、国立国語研究所を中心とした「日本人及び外国人に対する言語教育の統合研究」と題したプロジェクトの中で、「国語教育を日本語教育に広げ、新しい日本語教育へと統合していく」という考えを提案しています（甲斐1997）。その際、国語教育が抱える問題の一つとして挙げているのが、他でもない文学教育です。甲斐は、国語教育は「学校教育の基盤としての言語能力の育成、具体的に言えば、他の各教科の基礎としての言葉による思考力、認識力、表現力などを育成する」と同時に、「日本の社会人としての言語能力を培うこと」が目指されるが、現行の国語教育は「文学作品の読解や登場人物の気持ちの追究に偏って」おり、教員養成においても「文学好きな国語

教師の養成に走りがち」であることを問題視しています。
そして、世界から見た「日本語の教育」という視点に立つ
ならば、そうした「現行の情感的思いやりに厚い国語教育
を質的に脱皮させ」なければならないとして、日本語教育
の実用的なコミュニケーション教育に注目しています。甲
斐は、「外国人への第二言語教育としての日本語教育は、
日常生活におけるコミュニケーションができる日本語能力
の育成を意図して」おり、「日本語の習得によって心情を
豊かにするとか、生きる力を培うなどといった間接的に得
られる目標は掲げていない」（同: 75）と評価しており、将
来的には、現行の国語教育と日本語教育が「日本語教育」
として統合されることが望ましいとの考えを示しています
（甲斐1997）。

　このように国語教育と日本語教育は、時代にふさわしい
「日本語の教育」や「ことばの教育」はどのようにあるべ
きかを問う中で、「国語教育と日本語教育の統合・連携」
の可能性を模索してきました。そこでは日本語教育の実用
的なコミュニケーションや自分をことばでどう表現するか
といった方法論や訓練が評価され、文学の教育的価値につ
いては顧みられることはありませんでした。

2.4 「作品をつくる」という全体性を持った言語活動

　日本語教育における文学的文章や創作の軽視は、根強い
「パーツ獲得」的な言語観（言語教育観）に支えられている
こととも関係しているのではないかと思われます。それは
すなわち言語の習得を、たくさんのパーツ（語彙や文法知識
など）を獲得し、それを繋ぎ合わせるものと考える言語観
および言語教育観です。

　しかし、ことばの学びはパーツの獲得だけでなし得るも
のではありませんし、ことばの力は実用性だけで測れるも
のでもありません。これに対するオルタナティブとして注

目されたのが、自分自身の人生をどのようにストーリーを
もった形でまとめられるか、自分を語り直していくことで
自分の人生を形作っていくナラティブ学習を軸にした教育
実践です。その代表的な例として総合活動型日本語教育が
挙げられます。

　細川英雄は、人間の言語活動を動態として捉えたとき、
語・文・文章という段階を追って言語活動が積みあがって
機能しているのではないにもかかわらず、従来の日本語教
育は準備・目的・応用主義[7]を背景に、無自覚に語・文・
文章という積み上げ式の認識にたって展開されていると批
判し、次のように言います。

　　ことばを学ぶということは、ひとつひとつの言語現象
　をレンガのように積むことではない。行為者自身の思考
　と密接に連動し、その思考による表現そのものと行為者
　自身が対峙することである。「初級だから、基礎的なこ
　とをまず学んで」という発想そのものが、行為者の人間
　としての尊厳を冒瀆しているとわたしは思う。基礎をい
　くつ積み上げても現実の姿にはならない。応用それ自体
　が現実の実践であり、実践そのものが教室なのである。
　だからこそ、その実践の内実そのものをどのようにつく
　りあげるかが問われているのである。(細川 2007a: 11)

　総合活動型日本語教育では、学習者の（人生の）テーマ
に着目し、学習者が語りたいことを引き出すことで全体性
をもった言語活動を実現させようとしてきたといえます。

　ここで一つたとえ話をしたいと思います。みなさんもよ
くご存じの昔話の「三匹の子豚」には、子豚の3兄弟が建
てる藁の家、木の家、レンガの家の3種類の家が登場しま
す。話の展開にはいくつかバリエーションがありますが、
藁や木で簡易につくった兄二匹の家は簡単にオオカミに吹

き飛ばされてしまうけれども、手間暇かけてつくった末っ子のレンガ造りの家は丈夫で壊れず命拾いするという話です。この話をヒントに「つくる」ということと「全体性をもった言語活動」について考えてみたいと思います。「つくることによる学び」という視点に立てば、子豚の3兄弟が、それぞれが手に入れたものを用いて家（全体）をつくるということそのものに意味があると見ることができます。藁の山をいくら積み上げても雨露をしのぐのには役に立ちませんが、屋根があって雨露がしのげれば、少々頼りなくても藁の家も立派な家です。藁・木・レンガ（初級・中級・上級）の各レベルでそれなりの「家」を建てることができるのです。もちろん、丈夫なレンガで時間をかけてつくれば台風にも地震にも耐える家ができるでしょう。しかし、いくら立派なレンガでもただ積み上げていくだけでは家にはならないのです。

　詩や物語の創作を通じたことばの学習は、つくりながら、実践的に学んでいく方法です。学習者は、自身が持つ知識（それは日本語に関する言語知識だけでなく、母語で有している知識もすべて含みます）、経験などを総動員して、家をつくります。つくりながら、この場面にはこれは使える／使えない、合う／合わないということを体得していくのです。この自らが持つ「知（知識）」を引き出し、統合する力のことを本書では「創造的想像力」と呼びたいと思います（理論編第3章で詳述します）。

　これまでの日本語教育には、暗黙裡に「創作は（ある程度）日本語ができるようになってから」という考えがなかったでしょうか。あるいは、創作というのは日本語がうまくなった人がやるもの、日本語ができるようになったらやりたい人は勝手にやるだろう、という思い込みがどこかになかったでしょうか。たしかに、いきなり「さあ創作しましょう」と言っても学習者は戸惑うだけでしょう。そこで

13

第1章　日本語教育で創作活動がされてこなかったのはなぜか

本書実践編では、創造的想像力を引き出す道具として、認知的道具、共同注視、即興といった視点を提案します。

　しかし、そもそも、「そうは言っても、創作って日本語の学習に役立つの？」と疑問に思われる方もいるかもしれません。そこで、実践編に入る前に詩や物語の創作は日本語の学習として役立つのか、それはどのような学びなのかについて考えてみたいと思います。

注

[1] 主に国際交流基金HPで公開されている「CEFR　Can do一覧カテゴリーごと」https://jfstandard.jp/pdf/CEFR_Cando_Category_list.pdf（2019.11.29閲覧）および「JF Can –do カテゴリーごと（2019年7月31日更新）」https://jfstandard.jp/pdf/20190731_JF_Cando_Category_list.pdf（2019.11.29閲覧）、奥村・櫻井・鈴木編『日本語教師のためのCEFR』くろしお出版、吉島・大橋訳『外国語教育Ⅱ外国語の学習、教授、評価のためのヨーロッパ共通参照枠』朝日出版社を参照しました。

[2] 自分たちで自分たちのモノ、認識、仕組みなどをつくる社会のことです。井庭編（2019）は、現在、誰もが生活の中でコミュニケーションを行っているように、創造社会では誰もが「つくる」ことを当たり前のこととして行うようになる、と述べています。

[3] 寅丸（2017）は日本語教育学会学会誌『日本語教育』の創刊号（1962）～157号（2014）の掲載論文1622本のうち実践研究論文163本について、「日本語教室観」の観点からその歴史的変遷を分析し、1962年～1985年を〈第1の教室観〉言語形式習得の場、1985年～1993年を〈第2の教室観〉言語技能獲得の場、1994年～2014年を〈第3の教室観〉人間形成の場の3期に区分しています。寅丸のいう「教室観」は、実践の目的、学習内容、教室活動、相互行為の方向性や質、自己観、他者観、コミュニティ観、教師の役割など複数の要素から成る概念です。本書では寅丸（2017）の3区分を参考にしつつ、井庭編（2019）の「教わること（知識伝達）」「話すこと（コミュニケーション）」「つくること（創造）」の3つの学びの区分に照らし合わせて、日本語教育の学びの変遷を捉えています。すなわち、教師から学習者へ一方向的な知識情報の伝達によって教育活動が行われる〈第1の教室観〉は「教わること」による学びの時代であり、〈第2の教室観〉と〈第3の教室観〉は、言語技能獲得と人間形成（自己実現）という質的な違いがあるもののどちらも双方向の「話すこと

（コミュニケーション）」による学びを重視した時代です。そして、CEFRやJFスタンダードの「創作」に見るように、今後は「つくること（創造）」による学びの必要性が高まってくるものと思われます。

[4] 井庭編（2019）は、クリエイティブ・ラーニングにおける教師像を「ジェネレーター（generator）」と呼んでいます。ジェネレーターは、もともと「生成的な参加者（generative participant）」と表現されていたもので、ジェネレート（生成）する人を意味します。ただし、ジェネレーターは、単に自ら「生成する」というのではなく、つくり手のチームの一員として自ら創造（発見の生成・連鎖）に参加するとともに、メンバー間のコミュニケーションにも働きかけていきます。そうすることで他のメンバーの創造（発見の生成・連鎖）を支援します。また、"教師として"のジェネレーターには、その創造において起きていることや起きたことをメンバーに説明し、教授－学習を実現し、その活動を振り返るきっかけをもたらすことが求められます。

[5] スペック（스펙）とは、英語のspecificationに由来し、その人の能力や経歴、保有している資格などのことを指します。韓国の学生は、激しい競争の中でいかに自分が優秀かを示さなければいけません。韓国の大学生が就職の際に必要と考える「8大スペック」として、「出身大学」「成績」「海外語学研修」「TOEICの成績」「資格」「インターン」「大手企業が開催する公募展」「ボランティア活動」があります（金2019）。このうち日本語専攻者が大学の日本語授業に求めるものは「成績」「資格（対策）」「海外語学研修（の機会）」です。

[6] 「文学国語」で想定されている文章は小説と詩歌などで、エッセーや評論、批評が持っている文学性が無視されていることも批判されています。例えば、ロバート・キャンベルは「国語を論理と文学に分けることで私が一番懸念するのは、フィクションなのかノンフィクションなのかという境を越えて、極めて高次な表現として構築された随筆、批評、日記、紀行文などが脱落してしまうことです。こうした資料は、文学としても読めるし論理としても使えるわけですから、文学と論理という二項対立自体が間違っていると思います。」（キャンベル・紅野2019: 34）と述べています。既に見た通り、文学の教育的価値を評価する声がある一方で、残念ながら、現在の国語科の主流はどちらかといえば実用的な言語能力、すなわち「実社会に必要な国語の知識や技能」（同: 27）が重視される傾向にあります。それは、共通必修履修科目「現代の国語」が、従来の国語教育は「教材の読み取りが指導の中心になることが多く」、「話合いや論述などの『話すこと・聞くこと』、『書くこと』の領域の学習が十分に行われていない」（文部科学省2018: 8）という反省のもと、「実社会に必要な国語の知識や技能を身につけるようにする」（同: 26）ことを目的に設置されていることからもわかります。他方、「文学国語」は同じく選択科目である「論理国語」との二者択一の中で選択されない状況を生むことが懸念されています。

［7］細川（2007b）は、日本語教育にみられる三つの立場、すなわち教室を仮想現実と捉える準備主義、「〜のために」という目的主義、基礎を固めて応用へという応用主義の発想が、教育内容を極度に目的化し、教師の関心を目の前にある教授方法の問題に焦点化させる役割を果たしており、そのことが日本語教育に閉塞性をもたらしていると言います。準備主義というのはいわゆるタスク達成型の教室活動で、場面や状況を設定・タスク化し、そうしたタスクを達成する過程で学習者が語彙・文型を習得していくことを期待する教育観です。こうした準備主義的発想に立つと、教室を現実社会の準備空間として捉えてしまい、実際のコミュニケーションとの乖離を生む可能性があると指摘しています。そして、その準備主義に関連して、日本語教育がしばしば「予備教育」と称されることに現れているように、ある専門分野を学ぶための橋渡し的なものとして位置づけられやすいことにも注意を向けています。学習者のニーズとして研究やビジネスのための日本語を求められるということは無視できないものの、教育を担う教師は、特定の分野や領域に焦点化した「〜ための」という目的主義的発想から脱却して、そもそも「ことばを獲得する」とはどういうことかといった、語彙・文型を学習した先にある言語実践の思想的な質を問うていくことを怠ってはならないと主張します。これはまた、基礎から応用へという応用主義とも密接に関連しています。それは、基礎的な語彙・文法の獲得は自己表現力を伸ばすために必要であることは間違いないけれども、学習者（言語活動の行為者）の思考と密接に連動した表現活動を目指すのであれば、「初級だから、基礎的なことをまず学んで」という発想に留まっていては、結局、語彙や文型といった項目の知識獲得が目的化しかねず、教育そのものが硬直化してしまうことを危惧しています。基礎から応用へという発想はこのような日本語教育の教育的な面だけでなく、学問的な立場においても、まず基礎的な学問があって、その応用として日本語教育が存在するというような発想に陥りがちであることを指摘しています。日本語教育学として確立するためには、こうした日本語教育における準備主義、目的主義、応用主義について批判的に考察し、どのような力を育成するのかを日本語教師自身が「実践研究」を通じて問い続けることで、乗り越えていかなければならないと言います。そのための具体的な教育実践の一つとして提案されているのが、「総合活動型日本語教育」にみられる学習者一人一人が自分の興味・関心のある固有のテーマを見つけ、それについて教室内外の人々との対話を重ねながら深めていくような言語活動です。

第2章
なぜ日本語教育で物語の
創作なのか

1 | 日本語教育における「書くこと」の現在

　　まず初めにこれまで日本語教育における「書くこと」を
通じた学習で目指されてきたことを概観したうえで、書く
学習における「創作」の位置づけについて考えてみたいと
思います。

1.1　日本語の技能習得のための「書くこと」

　　書くことは4技能のうち最もことばの知識を必要とし、
習ったことを定着させる方法として優れているとされま
す。たとえば、『研究社日本語教育事典』(近藤・小森2012)
の「4技能」の項には、「書く技能」について次のように
書かれています。

　　　書く技能には、文字の表記を習得する、ディクテーシ
　　　ョンをする、適切な語を使用して統語構造に即した文
　　　を作る、段落の構成を考えて文章を書くなどがある。
　　　書く技能は、書き手が文字によって目標言語で情報や
　　　独自の考えを表現する際に用いるが、他の領域におい
　　　て学習したことを確認したり、定着させたりする際に
　　　も用いられる。　　　(『研究社日本語教育事典』2012: 246)

このように作文教育の目的の一つに、日本語で書くための技能（スキル）の習得があります。書くことの到達目標は学習者によって大きく異なりますが、小宮千鶴子は一般的な指導として、①平仮名・片仮名・漢字を用いて、表記法に従って正しく書けること、②適切な語彙や表現を用いて、文法的に正しく書けること、③適切な内容と構成によって、表現意図を正しく伝える文章が書けること、の3つを挙げています。①②はどの学習者にも必要な作文の基礎力に当たる部分であり、③は目的にかなった文章を書くための内容づくりや文章構成、推敲などの指導です（小宮1998）。

　日本語は、話しことばと書きことばでスタイルが異なります。また、書きことばの中にも硬い文章と柔らかい文章があり、スタイルによって使用する語彙も変わってきます。そのため読み手や状況、目的に合わせて、適切な文章のスタイルを選んで書けるよう指導していく必要があるとされます。学習者のレベルにあわせて「問い合わせる」「依頼のEメールを書く」といった、相手から何らかの反応を期待できるような課題を設定して書く練習も必要となります（由井他2012）。また、留学生を対象としたアカデミック・ライティングの指導では、①アカデミックな文章の文体や表現、引用の方法などの基礎的な知識、②論理の組み立て方やそれに伴う表現、③段落や文章全体の構造、④テーマの選択から完成までの論文作成のプロセス、などについての知識やスキルの習得が課題となります（『新版日本語教育事典』2005）。

　『新版日本語教育事典』（日本語教育学会2005）の「4技能」の「書く」の項を見ると、作文指導のあり方も、コミュニケーション重視の学習観の中で既習項目の定着から伝えたいこと重視へと、その比重が移ってきていることがわかります。

伝統的なアプローチでは、既習の語彙・文型・話題を使って作文を書かせることが文章力育成の中心的な方法であった。そこでは文法的な正しさ、修辞的モデルの重要性が強調され、教師が読み手であり、添削者であった。コミュニケーションを中心においた考え方では、実生活に似た状況をつくり出し、伝達したい内容を相手に伝えることが重視される。

(『新版日本語教育事典』2005: 741)

　一方で、書くことは「活動に時間がかかる」「学習者が興味を持たない」といったことから、4技能の中でもあまり行われていないとの指摘もあります (国際交流基金2010)。

1.2　対話プロセスを重視した自己表現の「書くこと」

　渋谷実希は、作文のクラスを活性化するのに大切なこととして、①コミュニケーションを目的に書かせること、②学習者同士の協働学習の場を持たせること、③自分を表現し、相手も理解する相互理解の場を与えること、の3つを挙げています。つまり、コミュニケーション場面を想定して書くというだけでなく、実際にクラスメート同士が「書き手」と「読み手」になって協働しあうコミュニケーション（対話）の場を作り出すことで、クラスが活気づき楽しく書くことができるというわけです。また、自分を表現する機会や場を持つことで、学習者の自己発見や自己理解を促すとともに、お互いに理解し合うことを通じて安心感が生まれ、学習者がクラスでの存在意義を感じられるようになると言います (渋谷2014)。

　以下では、こうした学習者同士の「協働」と「自己表現」を重視する作文授業（書くこと）の代表的な例として「ピア・レスポンス」と「総合活動型」、「自己表現活動中心の日本語教育」の3つの方法論について見ていきたいと

思います。

ピア・レスポンス

　池田玲子によれば、「第二言語としての日本語で書くことの能力は、誰かになにかを日本語で伝え表現しなければならないときに必要となる能力」であって、「正確な日本語を書くことだけ」が目的ではなく、「作文の学習にはまず「書き手」と「読み手」という要素、思考のプロセスの展開、そして他者とのコミュニケーションの目的が不可欠になって」くるといいます（池田2007: 81）。こうした学習観のもと注目されるのが、作文の推敲のために学習者同士がお互いの書いたものを書き手と読み手の立場を交替しながら検討する「ピア・レスポンス」です。

　たとえば、従来の作文指導の問題点として、教師による一方的な添削指導があります。その多くは、文章の内容的な部分への指導には及ばず、表面的なことばの正確さへの指摘に終始し、内容や意味を軽視した訂正を強制する恐れがあります。一方、ピア・レスポンスは、「教師に読んでもらうために書く文章」ではなく、現実の読み手を明確にし、「誰に読まれるものであるのか、何を伝えたいのか、どう伝えるのかという作文の目的と意図、手段」（同:83）などを学習者自身に考えさせること、すなわち思考活動としての書く機会を学習者に与える学習方法とされます。池田は、ピア・レスポンスによる作文授業の意義を、認知的観点と社会的観点から次のように整理しています（同: 73）。

1）批判的思考を活性化しながら進める作文学習
2）作文学習活動を通した社会的関係作り（＝学習環境作り）

　教師やクラスメートと「やりとり」をしながらの活動は、書くことの「動機づけ」にもなり、書き始めたときは

漠然としていた考えも、「話す→考える→書く」を繰り返す中で鮮明になり、書きたいことが整理されていきます。こうして、「書き手の書いたドラフトは、レスポンス活動を経て、より洗練された、あるいは新たなアイデアが追加されて発展したものへと推敲され」、ひとつの「創造物」となります。これはまた対話のプロセスを仲間同士創り出していく学習環境作りの活動でもあります。ただし、「何を書くのか、どう書くのかという行為を通して、書き手の内面が表出される」（同: 84）活動であることから、学習者同士のやりとりによって書き手の人格否定などを招かないよう十分な配慮が必要で、そうした点さえ配慮されれば、学習者の意欲を高め自律的な学びが期待できる書く学習となると池田はいいます。

総合活動型：アイデンティティの形成・構築・再構築を目指す

　総合活動型日本語教育[1] では自己と関係の深いテーマについてレポートを書くことが活動の中心に据えられます。また、総合活動型の作文授業では、作文そのものではなく、作文完成に至るまでのプロセス全体（学習者同士や教師とのやりとり）が重視されます（武2014）。学習者は「テーマを選んだ動機（私にとってXとはなにか）」「テーマについての他者との対話」「考察」の3部構成でレポートを執筆し、教室ではこのレポートの表現と内容が検討されます。この学習では教室内外の他者との対話によって、私にとってのXについて「ことばの記号的意味世界と存在的意味世界を協働構築していく相互行為それ自体」（寅丸2014: 21）がことばの学びとなります。ここで目指されるのは、他者との対話を通じてレポートのテーマを深めていくことと、それに伴うアイデンティティの形成・構築・再構築（あるいは自己形成、自己実現）です。これは物語を聞くこと・語ることを通じて、自身の経験や出来事を意味づけて

いくナラティブ学習の性格を持つ学習といえます（ロシター 2010/2012）。この学習におけるレポートを「書く」という行為の目的は、「自然なかたちのコミュニケーションをとりあうことによって、参加者一人ひとりの自己表現と人間関係を学習者自らがつくり上げていくというプロセス」（蒲谷・細川2012:81）を実現することにあります。これは、「国籍や母語の別を問わず、ことばによって自らを表し、他者との対話によって協働のコミュニティを形成し、そのコミュニティを含む社会そのものに働きかけていく「ことばの市民」を育成する」（細川2013: 13）という言語教育観に支えられています。

　そして、「ことばの市民になるためには個人が言語活動の主体となり、①言語活動によってさまざまな思考と表現の在り方を学ぶこと、②他者の存在を受け止め、コミュニティの多様性と複雑性を理解すること、③複数のコミュニティのありようの中で自己アイデンティを確認することが必要」（細川2013: 15）だとされます。では、なぜ言語教育においてアイデンティティを問題にしなければならないのでしょうか。

　この問いに、鄭京姫は、ことばの教育は人間形成の側面を持っているため、日本語を通じてありたい自己像を確立することを支援する必要があるのだ、と述べます。自分の物語（日本語人生）を語り合うこと（＝コミュニケーション）によって、現在の「わたし」の人生を意味づけするとともに、新たな方向性を与えることができます。それによって日本語教育は学習者のライフ（生、人生）を下支えする力になるというわけです（鄭2013）。

自己表現活動中心の日本語教育：「声の獲得」を目指す
　基礎[2] 段階から自己表現活動を中心に据える日本語教育のアプローチに、西口光一を中心に開発された『NEJ:

A New Approach to Elementary Japanese　テーマで学ぶ基礎日本語』（以下、NEJ）及び『NIJ: A New Approach to Intermediate Japanese　テーマで学ぶ中級日本語』（以下、NIJ）があります。

　西口光一は、「表現活動」は、「「文型・文法事項か、コミュニケーションか」というこれまで行われてきた二者択一の議論の中で見落とされてきた領域」（西口2012:15）であり、「表現活動のための日本語技量こそが、文型・文法事項などの知識を内包し、実用的なコミュニケーションの基礎にもなり得る基幹的な日本語技量」（同: 15）であるとして、「知的なテーマをめぐる表現活動に従事可能な日本語技量の習得」をめざす「表現活動中心の日本語教育」を提案しています。

　西口は、CEFRの言語能力の発達をみる尺度において、基礎言語使用者に求められる外国語能力として、①個人の存在や生活で最も身近で関連のある領域でよく使われる文や表現が理解できること、②自分の背景や身の回りの状況や様子、身近で起こっている事柄などを簡単な言葉で説明できること、③自分の話（例えば家族、仕事、学歴、過去の活動や個人の経験など）ができるようになる、等が挙げられていることから、基礎日本語教育における「自己表現活動」の重要性を指摘しています（西口2012）。段階の進んだ学習においても同様に、自己のさまざまな側面について、話しことばと書きことばの両様での産出、受容、相互行為の言語活動ができることが目指されます（西口2020）。なお、自己表現活動中心の基礎日本語教育では、「さまざまな言語活動従事に直接関与するのは言葉遣いで、その蓄えがさまざまなモードのさまざまな言語活動従事を可能にする」（同: 23）という考えから、言語技量を従来の「話す」「聞く」「読む」「書く」のように4つの言語技能に分けません。

　自己表現活動を中心とした日本語教育を実現するための

教材として開発された『NEJ』及び『NIJ』は、3人の（架空の）登場人物である「リさん」「あおきさん」「西山先生」の自己についての一連の語り（ナラティブ）を中核に構成されています。学習者は、「各ユニットでテーマについての登場人物のナラティブ（＝マスターテクスト）を学習し、そこから言葉遣いを「盗み取って」自分自身のことについて語るという形で日本語を習得」（西口2020: 19）していきます。そして、ユニットの最後には、ユニットのテーマで自身のことについてエッセイを書き、他の学習者に自身の話をします。「この一連の過程は、新しい言葉で自己を紡ぎ出しつつ「わたしの声」を獲得する過程」（同: 22）となります。

　　　「わたしの声」というのは一生を通して常に構築の途上にあるその人の自己（Self）そのものです。このように自己表現の基礎日本語教育の本質は、（略）学習者自身が「わたしの声」を獲得するための日本語の学習と教育です。（西口2020: 23）

　ここで養成されるコミュニケーション力は、従来の「コミュニカティブ・アプローチで注目されている実用的な目標を達成するコミュニケーション力」ではなく、「人と交わってあれこれ話をする交友的コミュニケーション力」であり、バフチンの対話原理に基づく教育的アプローチです。

2 ｜ 日本語教育に求められる「創作」の視点

2.1 「自己表現」を迫るということ

　総合活動型日本語教育や自己表現活動中心の日本語教育では、「自己を見つめる、語る、表現する」ということが大前提とされていました。しかし、ここで一つの疑問が湧

いてきます。それは、学習者の表現したいことを引き出すという場合、「書きたいこと」や「書くべきこと」を学習者自身の内に求めなければならないのかということです。たとえば、村上春樹は『夢を見るために毎朝僕は目覚めるのです』（文春文庫、2012）で次のように述べています。「創作」の意義を考えるうえで大変示唆に富むので、少し長くなりますが紹介したいと思います。

今、世界の人がどうしてこんなに苦しむかというと、自己表現をしなくてはいけないという強迫観念があるからですよ。だからみんな苦しむんです。僕はこういうふうに文章で表現して生きている人間だけど、自己表現なんて簡単にできやしないですよ。それは砂漠で塩水を飲むようなものなんです。飲めば飲むほど喉が渇きます。にもかかわらず、日本というか世界の近代文明というのは自己表現が人間存在にとって不可欠であるということを押しつけているわけです。教育だって、そういうものを前提条件として成り立っていますよね。まず自らを知りなさい。自分のアイデンティティーを確立しなさい。他者との差違を認識しなさい。そして自分の考えていることを、少しでも正確に、体系的に客観的に表現しなさいと。これは本当に呪いだと思う。だって自分がここにいる存在意味なんて、ほとんどどこにもないわけだから。タマネギの皮むきと同じことです。一貫した自己なんてどこにもないんです。 （村上2012:114-116）

続けて村上は、「物語を書く」ことで、この自己表現の罠から抜け出せると言います。

物語という文脈を取れば、自己表現しなくていいんですよ。物語が代わって表現するから。僕が小説を書く

意味は、それなんです。僕も、自分を表現しようと思っていない。自分の考えていること、たとえば自我の在り方みたいなものを表現しようとは思っていなくて、僕の自我がもしあれば、それを物語に沈めるんですよ。僕の自我がそこに沈んだときに物語がどういう言葉を発するかというのが大事なんです。物語というのは常に動いていくものであって、その動くという特性の中にもっとも大きな意味があるんです。だからスタティックな枠みたいなものをどんどん取り払っていくことができます。それによって僕らは「自己表現」という罠を脱することができる。　　　（村上 2012: 116）

　必ずしも学習者の「表現したいこと」を学習者の内に求めることができるとは限りませんし、また学習者の内にあったとして、それを論理的、説得的に書き表せるとは限りません。このことに関連して、三藤恭弘は、『文章心理学』や『創作心理学』で知られる波多野完治に触れながら、語り得ぬものを表現する手段としてのレトリックが持つ現代的意義と創作の学習の必要性について、次のように述べています。

　このレトリック復権の過程の中に、文学的文章を創作させる教育的有用性が見いだせる。つまり、コミュニケーションとして、合理的、論理的な手段だけで、伝達・表現できないものを人間は抱えており、それを人は人に伝え、表現したいときがある。その必要に迫られることがある。その非合理的（非論理的）領域を表現し、また理解するための能力の育成法として、「創作」の学習は必要である。それはコミュニケーションの成立しにくい時代における、コミュニケーション能力育成としての「レトリックを学ぶ」という側面である。　　（三藤 2012: 177）

これらの指摘を踏まえると、自己表現を重視する日本語教育における「書くこと」の指導においてひとつ心配されるのは、表現すべきものが語り手自身の中にあり、それらは論理的に表現できるはずだという前提に立っていなかったかということです。「自己表現」を重視して書くことの教育的意義を認めつつも、書くことの学習の中で学習者が「自己表現」を迫られることによって抱える困難も認識する必要があるでしょう。筆者が「創作」の教育的可能性について検討する必要があると考える理由はここにあります。

2.2　「表現する意欲」を引き出すこと

　創作も「表現したいことを書く」という点では、従来の自己表現型の作文と同じですが、それが虚構（フィクション、ファンタジー）でもよいという点が決定的に異なります。国語教育で読むことと書くことをつなぐ「第三の書く」を提唱したことで知られる青木幹勇は、従来の作文へのこだわりを緩め、虚構作文（虚構の詩および物語）を積極的に取り入れるよう訴えています。「人間の表現力は、非現実、架空の世界、あるいは、現実と、非現実とを、想像によってミックスさせ、それを文章化すること」（青木1996:16）もできるのだから、子どもたちに内在するそうした世界を表現する能力を引き出すことに重点を置いた作文指導を目指してはどうか、という提案です。これにより、いわゆる「自己表現」、つまり自らの内面をさらけ出すという意味での自己表現とはまた違った形で学習者の「表現したいもの」を引き出すことができます。

　佐藤明宏も同様に、国語教育で、文学的文章の創作が学習者の「表現する意欲」を引き出すものとして注目し、その教育的成果として次の7点を挙げています（佐藤2004）。

① 自ら表現しようとする意欲を育てる。
② 表現することの喜びを知る。
③ 文章表現力（取材力、構想力、構成力、レトリックを使う力など）を伸ばす。
④ 想像（創造）力を伸ばす。
⑤ 思考力を伸ばす。
⑥ 多角的なものの見方や考え方、客観的視点を身に付ける。
⑦ 省察力を伸ばす。

　すでに述べた通り、日本語教育の書く学習において「創作」が積極的に行われているとは言えないのですが、数少ない実践研究のなかから一つ例を挙げると、ショート小説の創作についてのトンプソン美恵子の論考が挙げられます。トンプソンは、創作の技術を段階的に学び、最終的にショート小説を創作し発表するというカリキュラムを組んでいます（トンプソン2016）。そのねらいは、ショート小説の創作活動を通じたアカデミック・スキル（思考力・分析力・発信力）の育成であり、上記の③⑤⑥⑦に相当します。論理的であるということは、「なされようとする説明や伝達に、他者が納得できるだけの筋道と、一般的な法則にしたがった事象の関係が示されている」（日渡2013: 119）ということですが、物語の場合も話の筋が明快で納得のできる話の展開でなければ、読み手がストーリーを理解し、楽しむことができません。その意味で、創作を通じた学習によって、論理的な思考力・表現力の育成が期待できます。
　ただし本書で注目するのは、それだけではなく、物語創作が学習者の想像（創造）力を伸ばし（④）、表現することの喜びを知り（②）、自ら表現しようとする意欲を育てる（①）という点です。
　ナハマノヴィッチは、芸術と人生を「即興」の観点から

28

論じた著書『フリープレイ』の中で、「すべての創造的活動は、遊びのさまざまな形式であり、（略）技術そのものも遊びから湧き出るもの」（ナハマノヴィッチ1990/2014: 74）だと述べています。物語の創作が学習者の「書く」意欲を引き出すのは、そこに学習者の創造的な状態を呼び起こす遊びの要素があるからです。ナハマノヴィッチはまた、トレーニングと教育の違いについて、次のように述べています。

> 私たちはしばしば、トレーニングと教育を混同してしまいます。事実、これらはとても異なる活動なのです。トレーニングは、特別な活動を成すために必要なある特別な情報を伝えるためのものです。教育とは人をつくりあげることです。教育（Education）という言葉のもとの言葉のeduceは、なにか潜んでいるものを〈引き出す〉あるいは〈呼び覚ます〉という意味です。つまり教育とは、学び生きるために、人に隠された能力を引き出すことを意味し、決まった知識を人に（受動的に）詰め込むことではないのです。教育は、遊びと探求の親密な関係をうまく利用すべきであり、そこでは探求と表現に許可が与えられるべきです。そして探求精神の有効性が認められるべきです。　　　　　　　（ナハマノヴィッチ1990/2014: 189）

　学習者が書くことを楽しみながら学ぶためには、技術習得のためのトレーニングを繰り返すだけでなく、学習者の探求心を引き出しながら、なにかを創造するためにことばを使い、ことばで遊び、さまざまに試してみる「創作」の機会を持つ必要があるのではないでしょうか。

2.3　日本語教育における創作活動に関する実践研究の現在
　ここまでの議論をもとに、日本語教育における「書くこ

と」の目的と主な特徴を整理すると、表1のようになります。日本語教育で行われてきた従来の書くことを通じた学習は、技能習得を目的にしたものにしても、思考プロセスを重視したものにしても、書く内容は基本的に創作でないものでした。「創作」は従来の書く活動とはまた別の形で学習者の自己表現を引き出す可能性を秘めているといえます。

　しかし、すでに述べた通り、日本語教育の書く学習において「創作」が積極的に行われているとは言えません。数は少ないものの、日本語教育における創作活動についての実践的な論考を見てみましょう。たとえば、得丸さと子は、自らのことばにならない感覚（フェルトセンス）に向き合い、言語化していく詩の創作活動を紹介しています（得丸2008）。先に紹介したトンプソン美恵子は、ショート小説の創作活動を通じたアカデミック・スキル（思考力・分析力・発信力）の育成を掲げています。沼田浩通は、韓国の外国語高校で実施した4コマ漫画を使った物語の創作活動について検討し、「比喩や擬音語・擬態語のようなレトリックを使いながら状況や情景を描写する力、およびストーリー性のあるものを分かりやすく叙述するための接続詞の表現の向上が期待できる活動となりうる」（沼田2018: 100）と結論づけています。

　筆者も、日本語教育の書く学習においても、学習者がなにかを創造するためにことばを使い、ことばで遊び、さまざまに試してみる機会を提供すべきだとして、韓国の大学授業での実践として田丸式メソッドによる超ショートショートの創作活動に関する実践を報告しています（小松2017a. 実践編第4章で詳述します）。

　現場に即した問題意識からの実践的な取り組みはここで挙げた以外にもいくつか報告されていて、それぞれ非常に興味深いのですが、そもそも物語の創作にはどのような教育的価値があり、詩や物語を書くことによって日本語学習

表1　日本語教育における「書くこと」の目的とその特徴

学び方	活動の目的	教育的関心	主に扱う文種例	表現手法	教師の役割
【Ⅰ】教わる	日本語の使い方を身につける	・正確に書くこと ・実用的に使えること	実用的文章 （文型練習、作文、メール、手紙、レポート、日記、日誌等）	蓄積型	教授者
【Ⅱ】話し合う（コミュニケーション）	表現したいことを日本語でアウトプットする	〈ピア・レスポンス〉 ・「内容」を引き出す ・「読み手」と「書き手」の協働による思考の深化 ・学習環境づくり	説明的・論理的文章 （作文、レポート、小論文等）	蓄積型	ファシリテーター（支援者）
		〈総合活動型〉 ・対話と書くプロセスを通じたアイデンティティの形成	説明的・論理的文章 （作文、レポート、小論文、研究計画書、自己PR文等）	蓄積型	ファシリテーター（学習環境設計者）
		〈自己表現活動中心の日本語教育（NEJ/NIJ）〉 ・基礎段階から自己表現中心 ・マスターテクスト（ナラティブ）の模倣による言葉づかいの習得	説明的・論理的文章 （作文、レポート等）	蓄積型	教授者 ファシリテーター（支援者）
【Ⅲ】つくる	日本語で詩や物語を創作する	・作品をつくる ・創造的想像力（ファンタジー能力）の育成	詩的・文学的文章 （川柳、俳句、短歌、詩、絵本、ショートショート、小説、エッセイ等）	蓄積型 即興型	ジェネレーター（生成する人）

　者にどのような学びをもたらすのか、日本語の教室で物語を引き出すためにはどのような視点が必要か、といった点についての議論は、依然課題として残されています。今後は日本語教育におけるこれら創作活動の意義を俯瞰的に捉える視点が必要となるでしょう。

　そこで次節からは関連分野も視野に入れながらこの問題について総合的に検討していきたいと思います。

3 「物語の創作」が秘める教育的可能性

3.1 ファンタジー能力と発達の最近接領域（ZPD）

ファンタジー能力：ヴィゴツキーが見出した人間に潜在する能力

　社会構成主義の教育・発達理論で知られる心理学者ヴィゴツキーは、あらゆる人間に、潜在的な創造的想像力、すなわちファンタジー能力（空想力）を見出しました。イタリアの詩人であり童話作家でもあるロダーリは、ヴィゴツキーのファンタジー概念の登場を高く評価しています（ロダーリ1973/1990）。ロダーリによると、哲学史の中で思想として想像（imagination）とファンタジー（fantasy）を区別したのはヘーゲルです。想像もファンタジーも共に知性を支えるものですが、「想像力としての知性が単に再生産的なものであるのに対し、ファンタジーとしての知性は創造的なものである」と言います。ファンタジー概念は、こうして創造的想像（creative imagination）を内包することになります。ただし、ヘーゲルの「想像力」と「ファンタジー」の二分法は、「創造的ファンタジーをもつ詩人（芸術家）と、想像力しかもたない機械的生き物、つまり通常の人間とのあいだに、生理的とも言えるような一種の人種的差異を顕著に認めることになる」（ロダーリ1973/1990:284）ものでした。これに対し、ヴィゴツキーは、ファンタジー能力（想像力の創造的機能）を、選ばれた人間に許された天賦の才能としてではなく、社会的、文化的に形成される能力、すべての人間に潜在する能力として位置づけたのです。たとえば、ヴィゴツキーは次のように述べています。

　　私たちの回りにあるもの、人間の手によって作られたものはすべて例外なく、つまり自然の世界とはちがう文化の世界すべては、人間の想像力の産物であり、人間の想像力による創造の産物なのです。　（ヴィゴツキー1930/2002: 12）

想像や空想（ファンタジー）というと、非現実的で単なる遊びや趣味の世界であり、実際には重要ではないものと捉えられがちですが、ヴィゴツキーはそれこそが、芸術的な創造や科学的な創造、技術的な創造を可能にすると、その重要性を強調しました。この「すべての人間は想像する能力をもっており、それは創造性の重要な要因である」としたヴィゴツキーの考えは教育や学習を考えるうえでも画期的なことでした。

　このヴィゴツキーの考えを臨床教育学に応用しようとする研究者に庄井良信がいます。庄井は、編著『学びのファンタジア（第二版）』（渓水社、1997）でファンタジー体験を軸に据えた教育指導理論を展開しています。

　庄井は、ヴィゴツキーのファンタジー概念を機能概念と状況概念の2つに区分しています。まず、機能概念としてのファンタジーは、ファンタジーの力、ファンタジーの働きと呼ばれるようなファンタジーの心理機能をあらわす概念です。これは内界の“意味”を創造する機能であり、記号生成としてのクリエイティブ・イマジネーションの機能です。これをより教育の実践に引きつけると、“語義”と“意味”の往還運動による“意味”の創造能力となります。ちなみに、ここでいう“語義”とは辞書に記されているような静的な意味のことを、“意味”とは場面や文脈によって引き出される動的で語用論的な意味を指します。庄井は、これを狭義のファンタジーと呼んでいます。

　もう一つは、状況概念としてのファンタジーです。これは、空想の世界、夢想の世界と呼ばれるような虚構場面（状況）の総称であり、現実場面（状況）との対比概念として捉えることができます。より教育実践の場に引きつけて考えると、虚構の世界と現実の世界との往還運動による虚構場面（状況）の創造と考えることができます。庄井は、これを広義のファンタジーと呼んでいます。

ファンタジーはもともと「疑似リアリズム」の性格が強い概念です。本当にあるかもしれないし、ないかもしれない、というように虚構から現実へ、現実から虚構へと渡り合うのがファンタジーです。虚構の世界と現実の世界を自由に渡り合う往還運動を展開している人間の内界では、"意味"と"語義"の間での往還運動が展開されています。そして、これこそが発達の最近接領域（ZPD）を生じさせる力（源）となるのです（庄井編1997）。

物語の源泉："語義"と"意味"の往還運動としての
　　　　　発達の最近接領域（ZPD）

　意味の創造体験は、現実との交渉から生まれ、現実の意味を再構成し、もう一つの新しい現実の世界を想像し創造することへとひらかれた体験です。先に述べたように、機能としてのファンタジーの能力は、人間の内界における"語義"と"意味"の往還運動が生み出す能力です。ここでいう"語義"と"意味"の区別について、ヴィゴツキーは次のように述べています。

　　（単語の意味というのは）その単語によってわれわれの意
　　識のなかに発生する心理学的事実の全体である。意味
　　は、このようにして、つねに動的・流動的な、複雑な
　　形成物であるが、それはさまざまの不動性の若干の領
　　域を持つ。語義はなんらかの話の文脈のなかで単語が
　　獲得する意味の諸領域のうちの一つ、それも、もっと
　　も頑固で規格化された正確な領域である。周知のよう
　　に、単語はさまざまの文脈のなかで単語の意味がいろ
　　いろに変化するものにもかかわらず一定している不
　　動・不変の箇所である。（略）個々に切り離された、
　　辞書のなかの単語は、ある一つの語義だけをもつ。し
　　かし、この語義は、生きたことばのなかでその実現を

みる可能性以上のものではない。生きたことばのなか
　　では、この語義は意味の建物の石材にすぎない。

（ヴィゴツキー 1959/2001: 415　括弧内は引用者）

　"語義"はいわゆる辞書に記載されている内容のように一定した不変なものです。それに対し、"意味"はそれぞれの生きた状況（文脈）の中で生成するもので、内容をあらかじめ限定することはできません。たとえば「きらいだ」という発話は、"語義"としては、「その物事や人がいやで、それとかかわりたくない気持ち」（『明鏡国語辞典 第二版』2010: 461）となりますが、ある状況の中では「すきだ」のように語用論的な"意味"を持つこともあります[3]。「鉛筆」は"語義"としては「書くもの」でありますが、見立て遊びという状況にあれば、「馬」や「新幹線」という"意味"を持つこともあります。要するに、"語義"がその語との間に固定された関係を持つとすれば、"意味"は状況や文脈[4]によって変化するより自由で開かれた関係にあると言えます（庄井編1997）。

　意味の創造体験の源泉は遊びです。八木英二は遊びの生成・発展は虚構性の発生にあり、それは対象物のモノによる「みたて」（見立て）と、対象が自他の人間である「つもり」（役割）の二つに区分できると言います（八木1990）。みたて遊びは、あるモノの語義から意味が分離する瞬間であり、あるモノをほかのモノで象徴的に喩えるという対物メタファーの原型が形成される瞬間です。このみたて遊びは創造的イメージ形成の基盤となる体験であり、学びをひらく意味でも心をひらく意味でも、決定的に重要な体験となります。一方、つもり遊びでは、自分をほかのヒトやモノに喩えるという対人メタファーの原型を形成します。このみたて遊びとつもり遊びを基盤に、ごっこ遊びが生まれます。現実の生活世界を虚構の象徴世界に置き換えること

から生まれるこの遊び体験は、対物メタファーと対人メタファーがシンクロナイズされた複合的なメタファーであるといえます（庄井編1997）。

　遊びの中で現実的世界（“語義”の世界）から意味的世界（“意味”の世界）が分離し、“語義”と“意味”との往還運動が創造されていく原理は、学習の原理でもあります。学習もまた「見える世界」と「見えない世界」とを渡り合う“語義”と“意味”の往還運動として成立するからです。そして、この“語義”と“意味”の往還運動こそ、物語づくりの源泉となります。物語（ファンタジー）の創作による学習とは、すなわち意味付与（意味おさえ）としての学習を意味創造（意味づくり）としての学習に転換し、創造的想像力を働かせ、新たなZPDを構成することを通して、潜在する学習能力をひらく方法なのです（庄井編1997）。たとえば、日本語教育に照らし合わせると会話授業でよくみられるロールプレイや語劇には「つもり遊び」や「ごっこ遊び」の原理が働いていると考えられますし、詩や俳句の創作、ビューイング活動などには「みたて遊び」の原理が働いていると考えられます。

　内田伸子は、物語産出において子どもは現実の世界から離脱した場所で一種の「反省的思考[5]」を行っているのではないか、と述べています（内田1996）。ここに「物語の創作」の教育的有用性を見出せるというのが、三藤恭弘です。三藤は、物語形態としての「ファンタジー」は現実から非現実に迷い込んだ中心人物が再び現実に戻った時、変容を遂げている、というところに魅力があると言います。そして、「思考」における「現実→非現実→現実」の機能は、物語の作り手（そして読み手）にも認めることができるとして、これを「ファンタジーの思考往還機能」と呼んでいます（三藤2013）。たとえば村上春樹は、自分が書いている小説が「どんな物語になるかは僕自身にもわかりませ

ん」と述べ、次のように語っています。

> 主人公が体験する冒険は、同時に、作家としての僕自身が体験する冒険でもあります。書いているときには、主要な人物が感じていることを僕自身も感じますし、同じ試練をくぐりぬけるんです。言い換えるなら、本を書き終えたあとの僕は、本を書き始めたときの僕とは、別人になっているということです。
>
> (村上 2012: 163)

　このように物語の創作は、成果物としての「(物語) 作品」を生むだけではなく、作り手自身にも変容 (＝新しいもの) をもたらします。なにかを「つくる」ということは、つくり始める時点で自分の中に既にあるなにかを外に出すということではなくて、つくることで新たな発見が生じ、学びが深まり、成長に繋がるという構成的なものなのです (井庭編 2019)。「語義と意味の往還運動 (狭義のファンタジー)」と、「現実と虚構の往還運動 (広義のファンタジー)」を経験することによって起きる主体の変容には、「ファンタジーの思考往還機能」が働いていると言えます。こうした思考の働きが書き手に変容をもたらすものと思われます。ここに「創作」の教育的有用性・可能性を見出すことができます。

ファンタジー能力を引き出す「場」と「仲間」
　"語義" と "意味" の往還運動をつくりつつ "意味" を創造していくためには――つまりファンタジー能力を呼び覚まし形成していくためには――それを可能にする「協働の場」が必要となります。
　みたて遊びによる "語義" と "意味" の創造は、必ずしもみたてる対象とみたてるモノが類似していることが "意

味"創造の契機となるわけではありません。八木英二が、「「みたて」の働きでは、モノの外面的類似性（象徴性）より、モノの背後にある意味を支える共同活動（コミュニケーション）のあり方が重要」（八木1990: 55）であると指摘しているように、意味創造を可能にするのは、"意味"を創造し合う「対話」と協働で活動する「場」です（庄井編1997）。このことについてバフチンは次のようなことを指摘しています。

> 記号とは、個人と個人とのはざまの領域にのみ生じうるものです。しかも、その領域は、自然の——この語の直接の意味での——領域ではありません。（単なる生体としての）ホモ・サピエンスの二個体間に記号が発生するということは、ありえません。（記号が発生するのはすくなくとも）二つ（以上）の個体が社会的に組織され、一個の集団・共同体を形成している必要があります。共同体を形成してはじめて、個体間にも、記号（を用いうる）環境が形成されたといえます。
>
> （バフチン1929/1980: 20）

　記号としての"意味"が創造されるのは、あるモノ（課題）を共有し、それをともに変革し合うヒト－モノ－ヒトの三項関係を基盤にした共同体が形成されなければならない、とバフチンは言います。学習指導において、狭義のファンタジーとしての"語義"と"意味"との往還運動と、広義のファンタジーとしての現実と虚構との往還運動を呼び起こすためには、この両者の運動を媒介する協働の空間（場）が欠かせません（庄井編1997）。つまり、学習者が創作活動で創造的想像力（ファンタジー能力）を発揮するうえで、クラスメートと教室で創作の場を共有するということは、非常に重要な要素となるのです。

3.2　創作活動における話し合いと「意味づけ」

意味づけ論：なにを話し合うのか

　詩や物語を創作するにあたって重要なことは、ことばを
どう意味づけるかです。ここでは創作活動で問題となるこ
とばの意味づけとはなにかについて考えてみたいと思いま
す。

　深谷昌弘・田中茂範の意味づけ論では、「言葉は意味を
持つ」という立場を離れ、「意味は意味づけによって現出
する」という意味構成論の立場を取ります。そして、「言
葉の意味とは何か」ではなく、「どういう意味がどのよう
に意味づけられるか」を意味の問題の焦点として据え直
し、個人にとっての意味を作り出すプロセスと意味づけの
相互作用としてのコミュニケーションに注目しています
（深谷・田中1996）。私たちは他者とのやりとりの中で自他
関係を含めた情況を、日々、（再）編成しながら生きてい
ます。こうした社会的相互行為が広義のコミュニケーショ
ンであり、その中でも最も単純化された狭義のコミュニケ
ーションが二主体間の相互作用である「会話」です。

　意味づけ論では、意味づけされた状況のことを《情況》
と呼び、《状況》と区別します。《状況》は、意味づけられ
る以前の意味なき物事の集合です。これは外界や身体内で
時間にそって淡々と推移していく「物事の集合」を表して
います。一方、《情況》は、人間によって「意味づけられ
た状況」のことであり、能動的態度であれ、観察的態度で
あれ、主体が関与する概念です。意味づけすることは、
《状況》を《情況》として捉えることであり、意識され得
る事象は、意味づけする者にとっての《情況》として現れ
ます。記号としての《コトバ》は、意味づけられて《言
葉》となります（深谷・田中1996）。

　たとえば、翻訳という行為は、表面的には言語Aを言語
Bに変換する作業です。しかし、（自動翻訳ではなく）人間が

行う翻訳は、日本語で表現されたコトバ（文字）を英語の
コトバ（文字）に記号変換しているだけではありません。
原典となる作品は、日本語で意味世界（事態）を構成した
産物です。翻訳者は日本語で表現されたコトバを意味づけ
（＝解釈）し、意味づけた意味（＝事態）を英語に再構成（＝
表現）するのです（田中2019a）。

　たとえば、田中茂範は、芭蕉の俳句「古池や　蛙飛び込
む　水の音」の代表的な英訳を例に挙げ、次のように説明
しています。

　　"The ancient pond / A frog leaps in / The sound of
　　　water." (Donald Keene)
　　"Old pond -- Frogs jumped in -- Sound of water."
　　　(Lafcadio Hearn)
　　"Into the ancient pond / A flog jumps / Water's
　　　sound." (D.T.Suzuki)
　　"The quiet pond / A frog leaps in / The sound of the
　　　water." (Edward Seidensticker)

　ここでの翻訳者は、いずれも日本文化に精通した研究者・
作家です。このように英訳が複数存在するということは、
事態構成の可能性が開かれているということを意味してい
ます。leapなのかjumpなのか、jumpsなのかjumpedなの
か、a frogなのかfrogsなのか、oldなのかancientなのか
quietなのか、これらをめぐっても事態の構成内容は変わっ
てきます。翻訳者は日本語テクストを自ら解釈し事態を構
成し、それを英語で表現することを通して英語テクストを
作成しているのです（田中2019a）。

　では、意味づけの素材はなんでしょうか。それは「記
憶」です。たとえば、「学校」というコトバの意味がわか
るのは、「学校」という文字に関する記憶を持っているか

らです。田中はこれを「意味知識」と呼びます。意味知識には、単語の意味知識や言語の操り方（文法）に関する知識だけでなく、行動の仕方に関する知識（行為のスクリプト）なども含まれます。人はこの意味知識を利用しつつ、意味づけを行います。ただし、意味づけは今・ここでの情況内で行われるため、意味知識が意味を決定することはありません。人は意味知識を利用しながら意味づけを行いますが、意味づけがまた意味知識の改変の契機にもなります。ゆえに、意味づけられる意味と意味知識は相互に媒介し合う関係にあります。なお、他者との意味知識の共有感覚は、概念形成の原理（一般化・差異化・類型化の相互作用）に支えられます（田中2019b）。

　この《コトバ》から《言葉》への意味づけのプロセスに働いているものこそ、語義と意味の思考往還運動であり、教室活動における言語コミュニケーション行為は、その意味づけのプロセスを共有すること（＝他者との意味知識のすり合わせ）によってことばを学ぶ方法といえます。ただし、その意味づけの中身は、ナラティブ学習のような実存主義的な意味づけもあれば、本書にみるようにいかにことばでもって物語世界（＝自らがイメージした世界＝事態・情況）を作り上げるかという意味での意味づけもあり、学習の目的によって変わってきます。

詩的言語：イメージを非説明的に言語化する

　詩や物語の創作活動のねらいは、学習者に「意味づけの情況を提供すること」にあると言ってよいでしょう。学習者はそこで、イメージされた情況に相応しいことばの意味（意味づけ）を考えます。言語化するにあたってさまざまな可能性（《コトバ》の選択肢）がありますが、学習者は語義と意味との思考往還運動を繰り返しながら、「この情況にはこの《言葉》しかない」というものを選び取っていきま

す。ただし、創作において選び取ったことばが成功しているかどうかは、完成した作品を読んで読み手が受け止めた「イメージ」が、作り手が意図した「イメージ」と重なり合い、響き合っているかどうかにかかっています。

　今野真二は、ことばには「伝達言語」と「詩的言語」があると言います（今野2017）[6]。「伝達言語」は通常使われる「説明的にかたちを与える言語化」のしかたを指し、「詩的言語」はなんらかの感覚によって醸成された「気持ち／感情」など、あらかじめ言語によって形が与えられているわけではないものに形を与える「「イメージ」の非説明的な言語化」を指します。視覚、聴覚、味覚、触覚、嗅覚などでとらえた「感覚」やそれに伴う「感情」を言語化することは容易くありません。美しい景色を見て美しいと感じたその気持ちは「ウツクシイ」という《コトバ》でそのすべての「イメージ」を伝えることはできませんが、それでも、なんとか言語化して伝達するしかありません。詩や物語の創作では、「伝達言語」もさることながら、ことばで表しにくいイメージや感じを言語化する「詩的言語」の比重が重くなります。そして、この「詩的言語」は、「作り手が「アウトプット」しようとしていた「イメージ」と、言語化された詩作品を読んで、読み手が受け止めた「イメージ」とが重なり合い、響き合うものであった時には、詩的言語による伝達ができたこと」（今野2017: 320）になります。ことばの教室で創作する際の「話し合い」は、作り手と読み手の「イメージ」を確認し合うという意味において重要な意味を持つのです。

3.3　「意味おさえ」としての学習から「意味づくり」の学習へ

　ここまで詩や物語の創作に内在する教育的価値について検討してきました。創作による学習は、意味付与（意味おさえ）としての学習を意味創造（意味づくり）の学習に転換し、潜在する創造的想像力（ファンタジー能力）を引き出し

ながら学習者の学びをひらいていきます。

　ことばの学びは、主体の意味づけと情況把握と不可分であると同時に、主体間の意味づけの相互作用的なコミュニケーションが不可欠です。一つの《コトバ》から想起されるもの（意味知識）は人それぞれですし、目標言語のことばであれば学習の進度によってその《コトバ》に関する既有知識の量も違ってくるでしょう。ことばの学習における話し合い活動は、それぞれの持つ意味知識（既有知識や体験、記憶）をすり合わせながら、伝えたいイメージを表現するためのことばを選びとっていくプロセスであるといえます。ここでは学習者の複言語複文化能力が発揮されることになるでしょう。創作によることばの学習ではこのように、学習者が「既有経験や既有知識と関連付けながら、自分自身の個性的意味を付与し、新たに自分自身の経験や知識のなかに組み入れ」（桑原2012: 9）、創造的にことばを学習していくのです。これが日本語教育で物語の創作を行うことの意味といえます。

注　　　　[1]「総合活動型」の「総合」は、総合的なコミュニケーションをすること、「活動型」は、学習者にとって必然性のある活動をすることを意味します。教師は、「話す」「聞く」「読む」「書く」という4技能が自然な形で機能するよう教室環境を整え、学習者の言語活動の結果として産出された成果物が作文となります（武2014）。

　　　　　[2] 従来の日本語教育では最初の学習段階を「初級段階」と呼んできましたが、西口の「自己表現活動中心の日本語教育」では、日本語の基礎を身につけることを目指すことから、「基礎段階」と呼んでいます（西口2020）。

　　　　　[3] 一般的には「語義」とは語の意味のことであり、その語が使われる場面や文脈において初めて具体化されるものとされます（中村他編2011: 43）。しかし、ここでは辞書に記されているような静的な意味を「語義」、場面や文脈によって引き出される動的で語用論的な意味を「意味」と呼んでいます。

［**4**］川口（2012）は日本語教育の指導においてコンテクストを意識して教えることを「文脈化（contextualization）」と名づけ、「特定の文法・語彙項目を指導するとき、その項目が「だれが・だれに向かって・何のために」つかわれるものであるかを明示して指導すること」（同：61）の重要性を指摘しています。日本語教育が表現教育であるならば、学習者が特定の文法や語彙を学習することによって「何を表現できるようになるのか」を明示しなければならないと述べています（川口2003）。川口（2012）では、この「文脈化」指導のひとつのあり方として、演劇的発想を取り入れた教室活動の中で学習者が「演じること」を挙げています。川口（2012）の「文脈化」の指摘は、創作におけることばの理解においても通じるものがあると思われます。

［**5**］子どもは想像力を働かせ、物（もの）や事（こと）についての体験や印象を複合し、絶えずイメージを作り出し、作り変えながら自己や自己を取り巻く世界についての「現実のモデル」「想像世界」などを構成していきます。ごっこ遊びはその典型的なもので、子どもは過去の体験や経験のイメージを現在に再現する作業を通して、子どもなりのそのことの意味をはっきりさせているとされます。そしてこの作業は大人になると反省的思考（reflective thinking）と回想的思考（retrospective thinking）の形を取ります。反省的思考とは、倫理的基準に照らして良い悪いの判断をするのではなく、現在の位置から過去の本質を見極めようとする精神の働きのことです。一方の回想的思考とは過去の事実の記憶や感傷のことではなく、そのときは理由もわからず泣き、強く感動した現象しか明らかでなかったことが、時間を隔てて眺望したときに、その体験の意味をその時点なりに明瞭にする精神の働きとされます。反省的思考と回想的思考により過去の感情体験は冷却されていきます。そのような精神作業は幼い子どもの遊びでも働いており、その延長線上に談話という活動があるとされます。（『最新心理学事典』p. 506参照）

［**6**］今野（2017）では、言語によってかたちを与えにくい「感覚／感情」を狭義のイメージと呼び、まだ「言語化」も「絵画化」も行われていないかたちを与えられる前の「伝えたい内容＝情報」を広義のイメージと呼んでいます。本書の関心はいかに「言語化」するかということにあり、「言語」に絞れば、「言語化」される前に想像された内容（情報）を「イメージ」と呼ぶことになることから、言語化される前の「感覚／感情」も「伝えたい内容」もいずれも「イメージ」と呼ぶこととします。

第3章

日本語学習的コミュニケーション という見方

　創作は一人でもできます。しかし、本書の関心は、複数人が集う「教室」という場で日本語の学習として創作をすることにあります。教室では、学習者が創作の過程を他者と共有し、対話の中で作品を作っていくわけですが、そこではどのような学びが生じるのでしょうか。創作を通じて知識を創造していく学習とは、どのようなものでしょうか。

　創作を通じて目指されるのは、学習者が自ら知識を生み出していくことを支援する知識創造型の学習ですが、そこでは学習者が「何をして、発言し、つくり、書いたか」という学習過程を捉え、学習環境をつくっていく必要があるとされます（グリフィン他2012/2014）。対話や協働を軸にしたこれまでの実践研究では、学習者間の対話をもとに質的データから学習者自身の認識や自己の語りの変化・変容を捉え、学習コミュニティ形成や学習者個人のアイデンティティの形成・構築・再構築に学習の成果を見出してきました。しかし、詩や物語の創作活動を通じた学びは、学習者のアイデンティティを問うものでも、学習コミュニティの形成を主眼にしたものでもないため、従来の議論の枠組みではことばの学びの実態を捉えることも、その意義を語ることもできません。

　本章では、本書におけるここまでの議論を踏まえつつ、具体的な事例を通じて、創作活動において学習者が「何を

して、発言し、つくり、書いたか」という学習過程について検討してみたいと思います。そのためには、改めて「学習者自身が知識を創造していく学習」という場合の「知識」とはなにか、「知るということ」はなにか、どのような視点をもって学習者の対話（コミュニケーション）活動を捉えていくかというところから検討する必要があります。

1 「知」を創造するということ

1.1 ポランニーの「暗黙知」と「創発」

　まず初めに注目したいのは、マイケル・ポランニーの「暗黙知（暗黙的に知ること）」と「創発」という概念です。これらは『暗黙知の次元』(1966/2003) で知られる科学哲学者ポランニーが、「科学的発見とはなにか」「創造性とはなにか」を問うなかで見出し、重視した概念です。まず、「暗黙知」は、科学的な発見や創造的な仕事に暗黙的に働く知のことであり、思索や仕事や制作のある時点で創発されてくるものです（松岡2019）。そして、「創発」とは、「それまでの思考のプロセスや実験のプロセスからは想定できなかったことがおこること」（松岡2019: 159）であり、暗黙知によって達成される創意性の拡張概念です（ポランニー 1966/2003）。

　暗黙知の次元は、「私たちは言葉にできるより　多くのことを知ることができる」（ポランニー 1966/2003: 18）という有名なフレーズで表されますが、しかし、「暗黙的に(tacit)」という限定は、「言語化されている／されていない」あるいは「言語化できる／できない」という区別に基づくものではありません。それは言語化の問題以前に、私たちの自覚や意識の及ばぬところで、「知」の前提として潜在化しているものです（堀2018）。そして、この力こそ、芸術、運動、専門分野のさまざまな技量を発揮するに際し

て「人間の高度な創造的パワーと、知覚作用で浮き彫りになる身体的過程とを、橋渡しするもの」（ポランニー 1966/2003:23）なのです。

この暗黙知の働きについて、ポランニーはゲシュタルト心理学の考えにヒントを得て、次のように説明しています。ゲシュタルト心理学では、ある対象の外形を認識するとき、私たちは感知している個々の特徴を、それが何とは特定できないままに、統合していると理解します。それと同様に、知の探求において成し遂げられる、経験の能動的な「形成 (active shaping)」あるいは「統合 (integrating)」こそが、他でもない「偉大にして不可欠な暗黙の力」、すなわち暗黙知である、と言います。このようにポランニーにおける暗黙知は、「知る」という事態の基盤となる、暗黙裡に進行する過程を意味しています（堀2018）。

ポランニーが暗黙知という概念を用いて言おうとしたことは、知識というものがあるとすれば、その背後には必ず暗黙の次元で作動する「知る」という過程がなければならない、ということです。「知る」という過程は、無数の手がかりに依拠しつつ、それを暗黙の次元の過程によって、統合することで実現されます（安冨2008）。暗黙知によって諸要素は統一性を持った包括的存在へと統合され、その包括的存在において意味づけられます。本書では、創造的想像力に、この経験や知を「形成」あるいは「統合」する力（＝暗黙知）の働きを見ています。

ポランニーは、「知ること」(knowing) と「在ること」(being) のあいだには、「見えない連携」のようなものが働いていると考えました。そして、私たちに潜む想像力や創造力は、そこに「見えない連携」を発見しようとする働きではないか、というのです（松岡2019）。

ポランニーは、客観的なものと主観的なものの融合としての「個人的知識」という概念を提出します。そして、知

識を得るために人は、モノへと身体を参加させること（棲み込みdwell in）が必要であり、その個人的な参加によって、知的な関与が生まれると言います。立田慶裕はポランニーがいうところの「個人的知識」の形成過程（＝知ること）には、次の3つの中心があると説明しています。第一は、焦点的な目標（a focal point）であり、私たちがなにを問題と捉えるかという視点です。第二は、その問題を捉える手がかりです。焦点的な目標が示す手がかりに意識を向け、それに従属して別のなにかに注意を向けていきます。第三の中心は、手がかりから意味を発見する個人です。焦点的な目標からの手がかりを参考にして、個人がその目標の意味を知ります。モノのもつ匂い、形、色、その他の手がかりから、そのモノを私たち自身が意味にまとめる（＝意味づけする）のが「知る」という行為です。こうして、「注目する」ことの結果として「ヒント」を摑み、私たちはそれを（暗黙裡に）統合し、それぞれに「個人的な知識」を形づくっていくのです（立田2004）。

1.2　協働学習と創発

　近年、日本語教育においても「対話」と「協働」を軸にした学びが注目されています[1]。しかし、寅丸真澄が、学習者間の相互行為への依存度が高い教育実践において、肝心の相互行為が「ブラックボックス」になりがちであると指摘しているように（寅丸2015）、教師にとっては、学習者間の相互行為の実態が捉えにくいという実情もあります。対話型の授業の中で展開されたコミュニケーションが全体としてどのようなことばの学び（言語知識の形成・創造）に役立てられているのかを解明することは容易ではありませんが、発達的アプローチで学習環境を設計しようとする教師にとっては避けては通れない課題です。

　対話や協働を軸にしたこれまでの実践研究では、質的デ

ータから学習者自身の認識や自己の語りの変化・変容を捉え、学習コミュニティの形成や学習者個人のアイデンティティの形成・構築・再構築に学習の成果を見出してきました（舘岡2005、塩谷2008、細川・鄭編2013、寅丸2017等）。しかし、詩や物語の創作活動を通じた学びは、学習者のアイデンティティを問うものではないし、学習コミュニティの形成を主眼にしたものでもありません。したがって、従来の議論の枠組みでは、創作によることばの学びの実態を捉えることができません。

　舘岡洋子は、「協働（collaboration）」を、互いに協力してなにかをつくりあげる創造的な活動を行なうこととし、そこでは一人では成し得なかった「創発」が起きるとしています（舘岡2005）。しかし、市嶋典子が指摘しているように、「協働」によって起こるという「創発」について、それが具体的にどのようなものであるのかは明確に示されていません（市嶋2005）。一方で、舘岡は、教室内での対話的なことばの学びは、「ことばを生み出す経験を獲得するということ」にある、として次のように述べています。

> 教室における経験は基本的に一回性のものである。教室の中で行われた対話は、その時のメンバーたちの間で交わされたものであり、そこで意味づけられ自らのものとしたことばが教室外でそのままいつも使えるとは必ずしもいえない。また、教室外で使えることを想定して前もって教室内でいつも同じ経験ができるわけでもない。転移可能なかたちでことばの学びがあるのではなく教室の中の互いのせめぎあいの中で、他者とのやりとりによってことばを生み出すという経験そのものがことばの学びといえるのではないか。

> （舘岡2011: 47）

では、学習者たちは、教室での創作活動においてどのように「ことばを生み出す経験」をしているのでしょうか。

　教育・学習としての言語活動は「既有経験や既有知識と関連付けながら、自分自身の個性的意味を付与し、新たに自分自身の経験や知識のなかに組み入れていく創造の過程」（桑原2012: 9）です。一学期を通じた中長期的なスパンにおける学習者の変容のみならず、1回完結型の教室活動のような短期的スパンの学習についても、教室における創作活動によってどのように新たな経験や知識が創造されていくのか、そのプロセスを明らかにする必要があるでしょう。次節では、そうした学習プロセスを読み解き、理解するための視点についてお話したいと思います。

1.3　日本語学習的コミュニケーション

　安冨歩は、お互いについて学び合い、認識を更新していくことができるときに生成されるコミュニケーションには「創発的コミュニケーション」が成立していると言います。言い方を変えれば、お互いに相手に対して学習過程が開かれている状態でのコミュニケーションは創発的なものであるということです。「学習」というのは、創発的コミュニケーションが成立している状態のことを言うのです。それに対して、創発的でない、病的なコミュニケーションは、学習過程を停止した状態でのコミュニケーションであり、安冨は、これをハラスメントと呼んでいます。コミュニケーションは相手に対する学習過程を作動させ、それを成り立たせている場を更新しつづけることで実現されますが、このとき、お互いが、相手のメッセージを受け取る度に、自分自身の認識を改める用意がなければなりません。人と人とが創発的に対話している状況では、新しい価値が生じます。しかし、学習過程の停止は創発の阻害であり、ここでは「対話」は成立しません。それゆえ、「対話」と

「創発」とは不可分な関係にあります（安冨2008）。

　教育の現場で「対話」や「協働」を軸に学習活動を展開しようとする場合、コミュニケーションは「学習」と「ハラスメント」の両方の可能性を内包しているということを忘れてはならないでしょう。

　江森英世は、コミュニケーションによる学習活動の場を、単なるアイデアの比較検討の場と捉えてはならないと言います。他者から学ぶということは、自分より優れている他者から学ぶということだけでなく、他者が意図しないメッセージの中にも、自分の思考を広げる契機となるものがあると考えることにより、私たちは共に学ぶことの意義を明確に意識することができます。だからこそ、コミュニケーションによる学習では、ときとして他者がもたらす新しいメッセージの解釈を契機に、個人の思考だけでは越えることのできない限界を切り開き、メッセージの送り手と受け手が所持していたアイデアを超える新しいアイデアの「創発」が生じるのです。すなわち、お互いに自身の考えを改める用意があればこそ、互いに意図しなかったメッセージからも新たなアイデアが生じるような創発的コミュニケーション（＝学習）が成立するのです。

　そして、江森は、新しいアイデアが生まれるというときには、大きく2つのレベルがあると言います。

　　アイデアの創造には2つのレベルがある。第1のレベルは、そのアイデアを所有している他者の助けを借りて、当人にとって新しいアイデアを創造する場合である。第2のレベルは、コミュニケーション参画者のいずれもがもち得なかったアイデアが創造される場合である。送り手の送信したメッセージが受け手の頭脳を刺激し、送り手の意図を超える思考が展開される時、送り手と受け手が所有していたアイデアを超える新し

いアイデアが創造される場合がある。ここで創造された
アイデアは、送り手の意図したものではないし、受け手
が1人で考え出したものでもない。「創発とは、構成要素
以上のものをもたらし、かつ、もとの要素に還元されな
いものを生み出すことである」と定義すれば、ここで創
造されたアイデアは、送り手と受け手のいずれにも内在
されていなかったもので、コミュニケーションによって創
発されたものだということができる。　　　（江森2012: 80）

　江森は、アイデアを生み出すというときには、他者から
自分にとっての新しいアイデアを得る（学ぶ）ということ
と、対話を通じてお互いにとって全く新しいアイデアを生
むということの2つがあると言います。そして後者の「い
ずれの参画者も所有していないアイデアが創発されるコ
ミュニケーションの連鎖」を「創発連鎖」と呼んでいます。
安冨のいう創発的コミュニケーションを仮に広義の創発的
コミュニケーションと呼ぶならば、この「創発連鎖」は狭
義の創発的コミュニケーションと呼べるでしょう。江森が
いうようにアイデアの創造には大きく2つあり、広義の創
発的なコミュニケーションの中で生成されるアイデアの創
造は必ずしも「創発連鎖」に限定されません。広義の創発
的コミュニケーションには、創発連鎖が生じる場合もあれ
ば、それ以外の「学び合い」も生じるからです。この2つ
のレベルでのアイデアの生成プロセスに着目することで、
1回完結型の授業の中での生成的なことばの学び（学習者の
認識の変容）を捉えることができるようになります。
　江森は、「コミュニケーションという力動的なプロセス
に参画している1人ひとりの学習者の思考の変容過程を逐
次捉えていくことが、学習者の自然な思考に沿った授業を
達成するために解決されなければならない課題である」と
して、数学教育における方法論としての数学的コミュニケ

ーション論を提唱しています。興味深いのは、数学の授業の中で展開されるコミュニケーションを、学習者が「数学的な考え方や見方」を鍛えるための一つの方法論として捉えていることです。この考え方を援用すれば、日本語の教室で展開されるコミュニケーションを「日本語（目標言語）についての考え方や見方」を育むための方法論として捉えることができます。すなわち、ことば（目標言語）をめぐって「考え、問いを持ち、表し、意味づけし、表現すること」（江森2012）が、日本語教育における「日本語の見方や考え方」を鍛える日本語学習の方法論としてのコミュニケーション（及びその研究）になり得るのではないかということです。

　端的に言えば、日本語学習のためのコミュニケーションだからといって、必ずしも目標言語である日本語で語る必要はないということです。話すことばが何語（英語や韓国語、もちろん日本語）であっても、「日本語（目標言語）」についての学習者の考えや見方を交換する話し合いであれば、そこには「日本語学習的コミュニケーション」が成立していると考えて良いということです。このように考えることで創作活動における話し合いについて、日本語での話し合いのみならず母語での話し合いも同じく肯定的に捉え、分析する道が開かれます。

2 ｜ 海外での日本語教育環境を生かした創作活動としての協働翻訳

　「日本語学習的コミュニケーション」という見方を手に入れることによって、学習者のうちにある多様で豊かな言語資源を活用した言語実践を積極的に捉えられるようになります。日本語の教室における母語の使用が、その好例です。これまでの日本語教育、とりわけ対話重視の日本語教育では、目標言語である"日本語"で対話することが望ま

しいという認識が（暗黙的に）共有されていたのではない
でしょうか。海外で外国語として日本語を学ぶ場において
共通言語である母語がある場合は特にそうですが、さまざ
まな国の学習者が集う日本における日本語教育現場であっ
ても、日本語以外の共通言語を有する学習者同士の会話を
どのように見たらよいかという問題はつきもので、日本語
の教室で日本語以外での会話は"私語"のように捉えられ
がちであったように思います。

　しかし、「日本語学習的コミュニケーション」という見
方に立つならば、日本語学習に資するのであれば、対話に
使用される言語は何語でも構わないのです。そう考えるこ
とで教師も学習者も対話で用いられる言語について寛容に
なり、複言語的な状況を好意的に受け止められる学習環境
が生まれやすくなります[2]。

　では、日本語学習に役立つ母語使用とは具体的にどのよ
うなものでしょうか。次項では、韓国語母語話者が話し合
いを通じて協働で翻訳する事例を通して、この問題につい
て考えてみたいと思います。もしかすると、翻訳は創作な
のかと疑問に思われる方もいるかもしれませんが、本書で
は翻訳も立派な創作であると考えます。先に紹介した俳句
の翻訳などは良い例ですが、翻訳も翻訳者の創造的想像力
が試されます。リービ英雄も「いい翻訳は結局ひとつの創
作なのだ」（リービ 2010: 45）と述べています。

　ここで紹介するのは、韓国の大学の日本語専攻者が、絵
本『とべバッタ』[3] の翻訳についてより良い翻訳を目指
してアイデアを出し合い、話し合っている事例です。話し
合いのなかで「創発（連鎖）」が生じた話し合い（2.1）と、
創発は見られないが「合意形成」が図られた話し合い（2.2）
に注目し、そこでどのようにことばについての考え方や見
方が交換されているかを見てみることにしましょう。

2.1 協働翻訳におけるアイデアの「創発」

　仲間と話し合いながら協働で翻訳をするとはどういうことでしょうか。翻訳では、訳文に使用できる表現は複数存在し、一つの原文に対して訳出の結果が一つとは限りません。しかし、だからといってどのような訳でも許容されるかというとそうではなく、翻訳に課されている原文と等価の内容を含むという条件が満たされなければなりません（広田2007）。翻訳文をめぐる話し合いは、複数の選択可能な表現の中からより良い表現を追求する過程であり、話し合いを通じて参画者が納得できる訳文の創出が目指されます。それは「お互いの思考の枠組みの制約を乗り越え、その意味世界を再構成して、参与者たちが進んで受諾するようなより魅力的で妥当な合意案を創出する「創造的合意形成」（田中・深谷1998: 312）を図ることにほかなりません。そして、ときに、そうした話し合いの中で参与者のいずれも持ち得なかったアイデア（訳文）が「創発」されます。

　この絵本の協働翻訳では、まず絵本を読んだ後、それぞれ自分で翻訳します。その後、各自が翻訳した文章を持ち寄り、互いの訳文を読み合いながら、より良い訳文を目指して話し合います。絵本の翻訳文をめぐる話し合いにおける「創発」に至る相互行為（対話）のプロセスでは、学生たちの翻訳案に見られる違い（ズレ）が論点となり、それに対して学生たちが互いにフィードバックし合うことによって、協働して、参画者が納得できる訳を導き出していく主体的な学びが確認できます。

　では、「日本語学習的コミュニケーション」の中でどのような学びが生じているのか、事例とともに具体的に見てみることにしましょう。ここで取り上げるのは、絵本『とべバッタ』（田島征三作、偕成社、1988）を、学生の母語である韓国語訳した場合の翻訳文をめぐっての母語での話し合いの様子です。

このときに使用した絵本『とべバッタ』は、恐ろしい天敵から身を守るため小さな茂みにびくびくしながら隠れ住んでいたバッタが、意を決して大空に向かって羽ばたいていくというストーリーで、意志を強く持つことや自分の力を信じること、決して諦めないことの大切さが、力強い絵とことばで表現されています。シンプルでありながら、心に響くメッセージ性のある作品です。

　ここで注目するのは、いわば狭義の「創発」で、「構成要素以上のものをもたらし、かつ、もとの要素に還元できないものを生み出すこと」（江森2012:80）です。図1に挙げた第13場面の「もう、だめかとおもったとき、バッタは むちゅうで はねを ばたつかせた。すると、からだが きゅうに かるくなって、バッタは うきあがった。」の「うきあがった」をどのように翻訳すればよいかについて"韓国語で"話し合っている場面です。（便宜上、日本語に翻訳してあります。）話し合いを通じて、（話し合う前には）どのメンバーも持っていなかった新しい訳文（表現）のアイデアが「創発」されることに注目します。

　学生たちは話し合いの前には、各自、「うきあがった」を「떠올랐다（うきあがった）」（学生C）、「하늘로 떠올랐다（空へうきあがった）」（学生A）、「두둥실 떠올랐다（ふんわりと、うきあがった）」（学生B）、「붕 떠올랐다（ブーンと、うきあがった）」（学生D）と訳出しています。

　それぞれの訳が出揃ったところで、学生Dが「『붕 떠올랐다（ブーンとうきあがった）』にしたけど、『두둥실（トゥドゥンシル：ふんわり、ぽっかり）』のほうがいいね」（279D）と発言し、これが問題提起となり、「うきあがった」の訳出をめぐり意見が交わされます。学生Dの問題提起（279D）から、学生Bが「간신히（かろうじて）」（292B）という表現を思いつく（創発する）までのコミュニケーション（やりとり）には創発を引き出す相互連関を確認することができます。

> もう、だめかとおもったとき、バッタは むちゅうで はねを ばたつかせた。
> すると、からだが きゅうに かるくなって、バッタは うきあがった。

図1　第13場面「バッタは うきあがった」
田島征三『とべバッタ』偕成社、1988年

　ここでのやりとりは大きく3つの段階に分けることができます。段階を追って、見ていきましょう。

　まず第一段階は、発話276 〜 285の対話で、ここでは「붕（ブーン）」と「두둥실（トゥドゥンシル：ふんわり）」のことば（語）の意味やイメージをめぐって議論され、2つの語に関する知識とイメージの共有が図られます。学生Dの問題提起を受け、学生Cは学生Dの意見への共感を示しつつ「두둥실（ふんわり）」の方が「（バッタの）姿がじっと浮かんでいる感じがある」（280C）と述べています。続けて、学生Bは「붕（ブーン）」ということばには「スピード感が感じられる」として、例として蜂のような動物が飛ぶ様子（「붕 하고 난다（ブーンと飛ぶ）」）を挙げています（282B）。さらに、「두둥실（ふんわり）というと、そのまま空に浮かんで止まっている感じ」（283C）、「シャボン玉のような軽い感じ」（284D）といった語のイメージが共有されます。「두둥실 떠올랐다（ふんわりと、うきあがった）」と訳出した学生Bは、その理由として「（バッタが）自分の思い通りに飛べる情況ではなくて、単に羽ばたきをしたら地面に墜落せず

第3章　日本語学習的コミュニケーションという見方

に空中にとどまることができたという、こんな情況に合う
と思ったから」（285B）と説明しています。

〈第一段階〉

276C　「すると、体がかるくなってうきあがった。」

277A　ここで、ただ「うきあがった」にするよりは「空へうきあが
った」にした。

278B　私は「トゥドゥンシル（ふんわり）と、うきあがった」にし
ました。

279D　私は「ブーンとうきあがった」にしたけど、「トゥドゥンシ
ル（ふんわり）」のほうがいいね。

280C　「トゥドゥンシル（ふんわり）」がいいように思うけど、その
姿がじっと浮かんでいる感じがあるじゃないですか。

281A　私は正直、「トゥドゥンシル（ふんわり）」より「ブーン」が
いいです。

282B　「ブーン」と言うと、ちょっとスピードが感じられません
か？　ハチのような動物を普通「ブーンと飛ぶ」って言いま
すよね。

283C　「トゥドゥンシル（ふんわり）」って言うと、そのまま空に浮
かんで止まっている感じですから。

284D　シャボン玉のような軽い感じだよね。

285B　私がここで「トゥドゥンシル（ふんわり）」を使った理由は、
バッタが羽ばたくことができて、自分の思い通りに飛べる情
況ではなくて、単に羽ばたきをしたら地面に墜落せずに空中
にとどまることができたという、こんな情況に合うと思った
からです。

　　第二段階は、発話286 ～ 292（＝創発）で、ここではこ
の場面（絵と文）で描かれている情況に注意が向けられ、
「情況のイメージの共有」が図られます。第一段階で学生
B（285B）が、「思い通りに飛べる情況ではなくて、単に羽
ばたきをしたら地面に墜落せずに空中にとどまることがで
きたという情況に合う」訳語として「두둥실（ふんわり）」
を訳語に選んだと述べると、学生Cは絵に着目し（図1参
照）、それでは「口をあけているヒキガエルに食べられて
しまう」と指摘し、情況を考えれば「두둥실（ふんわり）」
ということばは合わないのではないかと疑問を投げ掛けま

す。この発言は学生Ｃが意見を変えたことの表明でもあります。

　この発言を受けて、最初から「두둥실（ふんわり）」より「붕（ブーン）」がいいと述べていた学生Ａ（281A）が、自身の둥실（두둥실）という語についての理解として、「「둥실（ぷかぷか、ふわふわ）」や「두둥실（ふんわり）」みたいな場合は、その主体が動くというより、ただそこに浮かんでいる感じで、自分が意志をもってどこかに向かっていく状態ではないと思う。雲みたいなのも自分の意志で動くものでもない。だから「둥실（ぷかぷか、ふわふわ）」という表現を使うし、水の中で浮かび上がるのも「둥실（ぷかぷか）」っていう。そう考えれば「두둥실（ふんわり）」はただ上に浮かんでいる感じ」（287A）と述べ、バッタが「意志をもって向かっていく状態」を表す必要があるとの考えを示します。

　そして、学生Ｄが、「ここでは結局、飛ぶ姿をどう表現するのかが問題」（289D）と述べ、改めて議論の焦点が「飛ぶ姿（うきあがった様子）」をいかに表現するかにあることが確認されます。これを受けて、「팔랑팔랑（パルランパルラン：ひらひら）」「휘청휘청（フィチョンフィチョン：ゆらゆら）」「푸드덕푸드덕（プドゥドップドゥドッ：ばたばた）」といった擬態語が案として出されますが、メンバーみんなが納得できる訳はなかなか出ません。

　学生Ｄがさらに「これが本当に一挙に飛び上がる感じなら「붕（ブーン）」にしても悪くはないけど...何というか。これはやっと飛び上がる感じでしょう」（291D）と、ここで表現したい「飛ぶ姿」が「やっと飛び上がる感じ」であると述べます。この発言が呼び水となって、学生Ｂから新しい案として「간신히（直訳：やっと、かろうじて）」が提案されます（292B）。これは当初、メンバーの誰も持ち得なかったアイデアであり、「創発」といえます。

〈第二段階〉

286C	でも、絵を見るとヒキガエルが下で口をあけて待っているのに「トゥドゥンシル（ふんわり）」と飛び上がったら、すぐに食べられますよ？
287A	「ドゥンシル（ぷかぷか、ふわふわ）」や「トゥドゥンシル（ふんわり）」みたいな場合は、その主体が動くというより、ただそこに浮かんでいる感じで、自分が意志をもってどこかに向かっていく状態ではないと思う。雲みたいなのも自分の意志で動くものでもないでしょう。だから「ドゥンシル（ぷかぷか、ふわふわ）」という表現を使うし、水の中で浮かび上がるのも「ドゥンシル（ぷかぷか）」っていう。そう考えれば、「トゥドゥンシル（ふんわり）」はただ上に浮かんでる感じがする。
288C	私もそれで、「ブーン」を使うのがいいと思います。
289D	ここでは結局、飛ぶ姿をどう表現するのかが問題だね。
290A & B	「パルランパルラン：ひらひら」「フィチョンフィチョン：ゆらゆら」「プドゥッブドゥッ：バタバタ」？
291D	これが本当に一挙に飛び上がる感じなら「ブーン」にしても悪くはないけど…何というか。これはやっと飛び上がる感じでしょう。
創発292B	それか「やっと（かろうじて）」にしたらどうですか？

　第三段階は、発話293 〜 297の話し合いです。ここでは学生Bが創発した「간신히（やっと）」をめぐる語についての意味やイメージの共有、そして、「간신히（やっと）」という語と情況のイメージとのすり合わせ（確認）が行われます。「간신히 떠올랐다（やっととびあがった）」という表現であれば、「やっと飛び上がる感じもするし、よろける姿も想像でき」（295A）、「前の「もう終わりか」と思っていた挫折感との対比効果もあり」（296C）、「劇的に情況が変わる印象も与える」（297D）ことができるとして、話し合いのメンバー全員が納得できる表現として「간신히（かろうじて、やっと）」という副詞を用いることが決まります。こうして最終的に「（バッタは）うきあがった」の訳として「간신히 떠올랐다（直訳：やっと うきあがりました）」という表現が訳出されます。

〈第三段階〉

293A & C 「やっと（かろうじて）浮き上がった」？　おお、いいね。

294D 　ああ、意訳して？　そうしてもいいね。

295A 　これなら、やっと飛び上がる感じもするし、よろける姿も想像できますね。

296C 　前の「もう終わりか」と思っていた挫折感との対比効果もありますね。

297D 　そうだね。劇的に情況が変わる印象も与えるしね。

　ちなみに、翻訳版では「〔갑자기 몸이 가벼워지면서,〕위로 떠올았습니다.（〔急に体が軽くなって〕上へうきあがりました）」と翻訳されています。

　ここに見た創発に至る「日本語学習的コミュニケーション」では、「語の意味およびイメージの共有」→「情況のイメージの共有」→「語の意味と情況のイメージのすり合わせ」という段階を経て、「ことばの意味と情況のイメージを共有する」プロセスの中でことばの学びが生じていました。そこで、メンバー間の「（ことばの意味と情況の）イメージの共有」を助けたものは、①言語知識（語や文法などに関する既有知識）、②経験（日常生活の中で見聞きしてきたこと）、③物語の前後の文脈、④視覚的イメージでした。

　なかでも最も重要な役割を果たしていたのは①「言語知識」です。たとえば、「붕（ブン）」か「두둥실（トゥドゥンシル：ふんわり）」かをめぐって、主体を意志あるものとして描くのか否かが議論になったときのように、それぞれが異なる表現で訳出した場合、互いに語や文法などに関する既有の知識や情報を言語化することで、ことばの意味やイメージを共有していくことができます。また、ことばは情況（場面）をどう意味づけるかということと深く関係しているため、②「経験」（すなわち日常生活の中で見聞きしてきたこと）から引き出される情報やイメージは、「自然な表現」を考える際の重要な手がかりとなります。

また、物語の翻訳では、③「物語の前後の文脈」から見えてくるイメージも重要です。例えば、「バッタはうきあがった」を「やっと飛び上がった（간신히 떠올랐다）」と表現する際に、「前の「もう終りか」と思っていた挫折感との対比効果」や「劇的に情況が変わる印象を与えること」など、物語全体の中でこの場面がどのような意味を持つかということも訳語を決めるときの判断材料になります。その意味で、前後の文脈（コンテクスト）の把握が、参画者のイメージの共有において重要になることもあります。

　　もう1点注目されるのは、「絵」に描かれていることから読み取れる④「視覚的イメージ（情報）」の働きです。学生Cが「バッタはうきあがった」のシーンで、下で口をあけてバッタが落ちてくるのを待っているヒキガエルの絵（図1参照）に着目していますが、このように絵本の翻訳においては、視覚的テクストがその場面（情況）を理解する助けになります。

2.2　合意形成プロセスを通じたことばの学び

　　つぎに取り上げるのは、第8場面の「バッタは、しにものぐるいでとんだ」をめぐる話し合いです。ここでは、「とんだ」をどう訳出するかが議論されます。絵本のタイトルは『とベバッタ』であり、原作では、「とぶ」は終始ひらがなで表記されています。「跳ぶ」から「飛ぶ」への変化をどう表現するかが、この物語が伝えるメッセージの核心にかかわるため、「跳ぶ（뛰다）」と訳すか、「飛ぶ（날다）」と訳すかは絵本のメッセージ性にかかわる重要な訳の問題となります。

　　学生はそれぞれ「〔메뚜기는〕죽을 힘을 다하여 뛰었다（〔バッタは〕死にものぐるいで（死ぬほどの力を振り絞って）跳んだ）」（学生A）、「필사적으로 날았어요（必死で飛びました）」（学生B）、「필사적으로 뛰었다（必死で跳んだ）」（学生C）、「죽

을 각오로 날았어요（死ぬ気（死ぬ覚悟）で飛びました）」（学生D）と訳出しています。

〈「意味づけ」に至る合意形成プロセス〉

094A	この「しにものぐるいで」を、私は「死ぬほどの力を振り絞って」と訳したんですけど。
095C	私は「必死で」
096D	私は「死ぬ気で」にしたんだけど、意味はみんな似ているみたいだね。
097A	必死で？
098C	だから、「死ぬほど全力で」を固い表現にすると「必死で」になりますね。
099D	そう。意味はみんな同じだから。
100A	ここで「とんだ」は一応「跳んだ」にしたけど、これで大丈夫ですよね？
101C	これ、後ろの方は本当に「飛んだ」という意味だからこれを区別するために「跳んだ」にしたけど、何というか「ぴょん」と飛びあがる感じですよね？
102A	それか、「跳びあがった」？
103D	「跳びあがった」または「飛びあがった」にするのがいいと思う。後ろをみると、どんどん高く上る場面がでるから。
104A	「跳びあがった」がいいですね。（←意味づけ）

　前半部の「死にものぐるいで」の部分について、「죽을 힘을 다하여（死ぬほどの力を振り絞って）／죽을 각오로（死ぬ気で）／필사적으로（必死で）」といった翻訳案が提示されます。話し合いでは、「필사적으로（必死で）」という表現について、学生Aによって違和感の表明（097A）があったものの、いずれも似た表現であるとして許容されます（098C、099D）。

　そして、続く後半部の「とんだ」をめぐっては、学生Aが「뛰었다（跳んだ）」と訳出したことについて他のメンバーの意見を求めており、これが問題提起となっています（100A）。同じく「뛰었다（跳んだ）」と訳した学生Cは、「後ろの方の〔場面で出てくる「とんだ」〕は、本当に「飛ん

だ」の意味だから、これと区別するために뛰었다（跳んだ）にした」（101C）と述べ、「跳ぶ」と「飛ぶ」を訳し分ける必要があるとの考えを示すとともに、ここで表したい「とぶ」は、「ぴょんと跳びあがる感じ」（101C）とも述べています。この「跳びあがる感じ（뛰어오르는 느낌）」という発言を受け、学生Aが「뛰어올랐다（跳びあがった）」としてはどうかと提案します（102A）。学生Dが賛意を示し、その後の場面でバッタがどんどん高く上る姿が描かれるので、「뛰어올랐다（跳びあがった）」か「날아올랐다（飛びあがった）」にするのが良いと述べます（103D）。そして、その2つの表現であれば「뛰어올랐다（跳びあがった）がいいですね」（104A）と学生Aが述べていますが、これは先に学生Cが指摘した訳し分けの必要性（101C）から判断されたものと思われます。

　こうして、第8場面の「バッタは、しにものぐるいでとんだ」の「とんだ」の訳として「뛰어올랐다（跳びあがった）」という表現をあてることで意見がまとまります。ここで検討した「とぶ」という単語には、この物語のメッセージが象徴的に表されていています。学生たちは話し合いを通じて、前後の文脈から意味を読みとり、相応しい訳語を検討しており、興味深い話し合いとなっています。

　なお、翻訳版では「메뚜기는 있는 힘을 다해 뛰었습니다.（バッタはありったけの力で跳びました。）」と訳されています。絵本は多くの場合、文章や語彙が少なく、短いという特徴があります。しかし、やさしいことばであればあるほど一つひとつの単語の含むものが大きく、原語の読みとりと母語の表現力の両方で翻訳者の力量が問われます（灰島 2011）。

2.3　学習者の豊かな言語資源を活用した言語実践

　ここまで見てきたように、絵本の翻訳文をめぐる話し合

いにおける「創発」あるいは「合意形成」に至る相互行為のプロセスでは、学生たちの翻訳案にみられる違い（ズレ）が論点となり、それに対して学生たちが互いにフィードバックし合うことによって協働して参画者が納得できる訳を導き出していく主体的な学びが確認できました。日本語の学習は、他者から与えられた知識に同化するだけの過程ではありません。また、与えられた知識を単純に足し合わせるだけで、学習者の言語的知識が構成されるわけでもありません。学習者は、伝達された個別の知識を構造化し、既有知識との整合性を保ちながら、古い知識が新しく構造化された知識の一部として存続していけるよう新旧の知識群を再構成することで、学んだものを自らのものとしていくのです。翻訳文をめぐる話し合いにみる「日本語学習的コミュニケーション」は、それまでに習得した知識を基盤として、新しいアイデアを創発し、新たな知識体系へと構造化する認知的な活動であり、学習者が自身の持つ言語知識を再構成していく過程でことばが学ばれているといえます。

　そして、今回検討した話し合いは母語（韓国語）で行われているのですが、学習者はことば（日本語・韓国語）そのものを議論の対象とし、各自のことばについての理解を語ることによって気づきを得て、自らの言語知識を再構成し、複数者間での合意形成プロセスの中でことばを学んでいます。それは「お互いの思考の枠組みの制約を乗り越え、その意味世界を再構成して、参与者たちが進んで受諾するようなより魅力的で妥当な合意案を創出する『創造的合意形成』」（田中・深谷1998: 312）の過程です。その際、物語全体の文脈、絵に描かれている情況、そして表現したい「感じ」などを「言語化」することで、仲間と共有していきます。この「言語化」の過程こそが「日本語学習的コミュニケーション」であり、ここには既有経験や既有知識と関連付けながら、自分自身の個性的意味を付与し、新た

に自分自身の経験や知識の中に組み入れていく創造の過程としてのことばの学びを見ることができます。

注　[1]「対話」や「協働」は、近年の日本語教育において非常に重要な概念になっています。池田・舘岡（2007）は、協働での学習活動（ピア・ラーニング）について、「言語を媒介として、学習者同士が協力して学習過程を遂行する方法」（同：51）であり、学習の「過程」を「共有する」ことにその特徴があると述べています。そこでの学習は教師があらかじめ用意した学習内容の「結果」を伝達するものではなく、学習者が自ら課題に取り組み、その「過程」で学んでいくものであり、学習内容は相互作用によって生み出されるものとされます。その「過程」を外化し、他者と共有するための装置が「対話」です（池田・舘岡2007）。

[2] 現在、最新情報として国際交流基金が公表している『海外の日本語教育の現状：2021年度 日本語教育機関調査より』によると、2021年度の全世界の日本語学習者の総数は3,794,714人となっています。そして、日本学生支援機構発行の『2021（令和3）年度外国人留学生在籍状況調査結果』によると、2021年度の留学生総数は、242,444人となっています。このように2021年度を例に取ると、日本語学習者のうち海外で日本語を学ぶ学習者は約93％、日本国内で学ぶ学習者は約7％であることがわかります。日本語学習者の9割近くが日本語環境ではない言語環境で日本語を学んでいるのです。このことからも目標言語である日本語以外の言語を排除することなく、さまざまな言語資源を活用した日本語学習のあり方を検討していくことには積極的な意味があると思われます。

[3]『とべバッタ』（田島征三作、偕成社、1988）は、絵も文章も力強くエネルギッシュで、メッセージ性もあるため、大学生にとっても読みごたえのある作品といえます。1988年に日本絵本賞、1989年には小学館絵画賞、ボローニャ国際児童図書展グラフィック賞子どもの本部門推薦を受賞しています。また、本作に限らず、田島征三の作品は韓国でも多数翻訳があり、日韓両国の読者に広く親しまれている作家であることから、本実践に用いることにしました。なお、ここで参照した韓国語版は、『뛰어라 메뚜기』（정근 옮김, 보림출판사）です。絵本の翻訳をめぐる話し合い活動では、活動の最後に学生たちの協働翻訳の成果と、翻訳出版されているプロの翻訳とを読み比べることで、より多くの気づきを得ることができます。
　逆に、韓国語訳のある日本の絵本を日本語に訳して、原文と読み比

べることもありますし、日本語訳のある韓国の絵本を日本語訳にして、日本語の表現を読み比べることもあります（参考：小松麻美「試みとしての絵本の和訳レポート・ディスカッション：韓国で日本語を学ぶ日本語専攻者の気づき」早稲田日本語教育学会2016年度春季大会ポスター発表）。よく用いた韓国の絵本に、『おかあさん まだかな』（イ・テジュン 文、キム・ドンソン 絵、チョン・ミヘ 訳、フレーベル館、2005）、『こころの家』（キム・ヒギョン 文、イヴォナ・フミエレフスカ 絵、かみやにじ 訳、岩波書店、2012）、『いろのかけらのしま』（イ・ミョンエ 作と絵、生田美保 訳、ポプラ社、2017）などがあります。

第4章

創造的想像力を引き出すために
大切な視点

　ここまで日本語教育において詩や物語の創作を行う意義について考えてきたわけですが、それを具体的な教育実践として実現するにはどのような視点が必要となるでしょうか。細川英雄は、「言語活動能力育成のための日本語教育の方法論は、いかにして学習者のための言語学習環境を設定するか、という問題に集約される」（細川2002: 4）と述べています。では、学習者が創造的想像力を発揮することを主眼とした創作活動を通じた学習（つまり、学習者のアイデンティティの形成を第一義的な目的としない自己表現活動）では、どのような環境設定をすればよいでしょうか。

　ここでは教師が創作活動を通じて具体的なコミュニケーションの環境をつくろうとする際に、なにをもってその学習活動やそこで用いる学習材を判断すれば良いかについて考えていきたいと思います。まずは、そもそも創作による学習の場というのは、学習者のどのような力（能力）が発揮される場であり、従来の学習と比べるとどのような違いや特徴があるのかというところから議論を始めてみたいと思います。

1 ｜ 収束的思考と拡散的思考

　21世紀の教育に求められるのは、従来の知識習得型の

学習ではなく、学習者が自ら知識を生み出していくことを
支援する知識創造型の学習であるとされます。グリフィン
らは、従来の学習観と新たな学習観を「補充型アプロー
チ」と「発達的アプローチ」の差異と捉え、新たな教育的
アプローチとして後者を重視しています（グリフィン他
2012/2014）。従来の補充型アプローチは、人々が現在でき
ないことに焦点を当て、それを一つずつ修正していくとい
う見方であるのに対し、「発達的なアプローチ」は、一人
ひとりの学習者がもつ知識の基盤に対して、新しい知識を
積み上げたり、足場かけを提供しようとするものです。後
者は、本書で見てきた「つくること」による学びにも通じ
る考え方です。

　日本における創造的想像力に関する研究の第一人者であ
る心理学者の内田伸子は、思考には、収束的思考と拡散的
思考とがあるとして、次のように述べています。

　　思考（thinking）には、収束的思考（convergent thinking）
　と拡散的思考（divergent thinking）とがある。収束的
　思考は解が一つ、解に至る道筋も一つというようなタ
　イプの思考で、日常用語では暗記能力と呼ばれる。一
　方、拡散的思考は解が複数ありうるし、一つの解に至
　る道筋も一つとは限らないような思考を指している。
　これらが想像力である。どちらの場合も、表象を構成
　する素材となるのは既有知識や経験である。反省的思
　考（reflective thinking）によって知識や経験を回顧し、
　類推によってとくに印象の強い断片が取り出され、因
　果推論の働きにより現実の文脈との整合性のある表象
　の全体が構成される。頭の中に構成された表象は、含
　まれる想像の量の違いにより、再生的表象か創造的表
　象となる。さらに、頭の中に形成されたばかりの表象
　は、印象の断片が顕著で細部は曖昧であるが、ことば

や身体、描画などの表現手段を使って、表現媒体特有のシンボルの諸形式である文法にのっとり、表象の細部までが明細になり、談話やダンス・絵画などの具体的表現となって、自己にとってのみならず、他者からも目に見える形へと外化される。　　（内田2013: 467）

　内田が言うには、教えられた知識をできるだけ正確に取り出す収束的思考（＝再生的想像力）が重視されるのが暗記型の学習であり、類推や因果推論を働かせさまざまな可能性の中から答えを導き出す拡散的思考（＝創造的想像力）が重視されるのが、いわゆる問題解決型の学習です。どちらにも想像力は必要ですが、特に創造的想像力が多く必要とされるのは後者の学習です（内田2013）。

　従来の「教わることによる学び」で重視されてきたのは、教師（教科書）から与えられた知識を覚え、できるだけ正確に取り出す暗記能力重視の教育であり、グリフィンらの言う補充型アプローチの学習観に基づく教育です。一方、近年の21世紀スキルやキーコンピテンシーなどで目指される新しい資質・能力の育成においては、メタ認知能力や創造性、問題解決力の重要性が指摘されていますが、そこで重視されるのは類推や因果推論を働かせ、さまざまな可能性の中から答えを導き出す力である拡散的思考能力、つまり創造的想像力です（内田2016）。

　「拡散的思考」では、学習者の創造的想像力をいかに触発するかということが肝要であるということを確認できました。教師が創造的想像力を触発するような学習環境をデザインするためには、何をもって学習者の想像（イメージ）を引き出すかが鍵となります。これは、創発的な日本語学習的コミュニケーションの中で「ことばの意味と情況のイメージの共有」ということが、大きな意味を持っていたこととも関係しているでしょう。「つくること」による学びで

71

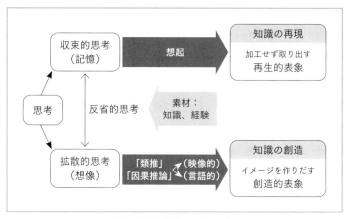

図2　創造的想像のメカニズム
（内田編2006参照、一部改変）

は、学習者の拡散的思考、すなわち創造的想像力を引き出し、伸ばす教育が目指されます。

では、どうすれば学習者の創造的想像力を引き出すことができるでしょうか。次項では、創作による日本語学習によって、学習者の創造的想像力に働きかけるような学習環境をデザインしようとする際に、手がかりとなる5つの視点を紹介したいと思います。

2 ｜ 創作による学習のデザインを助ける5つの視点

視点1：想像力を触発する「認知的道具」

学習者の創造的想像力に働きかけるような教育を実現するには、具体的にはどうすればよいでしょうか。まず最初に注目したいのが、想像力を触発する教育法（IA：Imaginative Approach）を提唱するイーガンの「認知的道具（cognitive tool）」という考え方です（イーガン2005/2010）。イーガンは学習の中心は学習者の想像力を触発することにあると述べ、学習者の感情に働きかけることで、想像力を触発し、それにより高まった学習者の思考の柔軟性や創造

性が学習を促進すると主張しています。イーガンは、学習者の想像力を触発することは、「学習促進のあめ玉ではない、これこそが学習の中心であり、学んで欲しい知識に意味と価値と脈略と理解を与えるものである」（イーガン 2005/2010: 38）と述べています。

　　生徒の想像力 (imagination) を触発することこそ学習を成功に導く鍵だと主張したい。そして、日々の授業で生徒の想像力を触発したいのであれば、生徒の手元にあって想像力を触発する主な知的道具について理解する必要がある。生徒が現在もっている技能を生かし、それをさらに伸ばすような授業を作る必要がある。
　　　　　　　　　　　　　　　　　　（イーガン 2005/2010: 1）

　イーガンは、「認知的道具」ということばを、ヴィゴツキーのいう「媒介手段」のような意味で用いています。

　　私はこの用語をロシアの心理学者レフ・ヴィゴツキー (Lev S. Vygosky: 1896-1934) のいう「媒介手段 (mediational means)」に似た意味で使っている。ヴィゴツキーは、道具がわれわれの世界の理解の仕方に形を与えると述べている。ヴィゴツキーは、知的発達は認識論的見地や心理学的見地からは十分に理解できないと論じた。認識論的見地では、蓄積される知識の種類やその量に焦点があり、心理学的見地では内的で自然発生的な発達に焦点がある。しかし、ヴィゴツキーは知的発達を知的道具の発達と捉えた。知的道具とはたとえば言語であり、われわれが育つ社会の中で獲得するもので、われわれが形成し構築する理解様式を媒介する。（イーガン 1997/2013: 4-5）

「知る」ということは、なにを知るかと同時に、どのように知るかという方法論と深く結びついているとされます。ポランニーは「知る（knowing）」ということには、ドイツ的な「知っている（wissen）」と「できる（können）」、あるいはイギリスの哲学者ギルバート・ライルのいう「対象を知ること（knowing what/that）」と「方法を知ること（knowing how）」のように、いわば理論的な「知」と実践的な「知」とが包含されていると言います（ポランニー2003）。そして、発見（知ること）は、「対象知」（knowing what）によって起こるのではなく、「方法知」（knowing how）によって起こると言います。すなわち、ある個人の知識の総体の中でその知を新たな更新に導くものは、その知識にひそむ方法知ではないかということであり、暗黙知が創発するトリガーを引くのは、対象知ではなく方法知ではないかということです（松岡2019）。しかし、これまで「方法知」は十分に顧みられてきませんでした。このことについて、久保田賢一は、従来の学校教育では、このような「道具付きの知性」は本当の知性とは見なされなかったと厳しく批判しています。

　　人間の「知性」とは、適切な道具を使いこなして、他者とのコミュニケーションを交わし、さまざまな「シンボル」を操作していく活動を通して高められるものである。これまで学校は「道具付きの思考」を育成してこなかった。むしろ他者（道具）の助けを借りずに物事を考えるという、日常では起こり得ない状況を作り出し、そのなかでの思考を育てようとしてきた。

　　　　　　　　　　　　　　　　　　　（久保田2000: 61）

　イーガンの考え方では、使用可能な認知的道具の種類が豊かになっていくことによって、豊かな世界理解が可能に

なり、人は新たな段階へと進んでいきます。それはポランニーのいうところの「方法知」を通じて「知ること」であり、ヴィゴツキーの「媒介手段」を用いて知を育むことです。「認知的道具」とは、創発的なコミュニケーション（＝学習）を引き出すための見方・考え方であり、「知」を育むための道具であると同時に、世界理解のための「知」そのものと見ることができます。そこでイーガンが、特に問題とするのはさまざまなことばの使い方です（宮崎2009）。

　イーガンは学習の目的は、認知的道具である「話しことば」「書きことば」「論理的思考」の3つを獲得することであり、それを利用することで学習者一人ひとりがそれぞれの社会や文化の中でコミュニケーションや問題解決、知識の整理ができるようになることを支援することだと言います。イーガンのアプローチでは、学習の発達段階に応じて先に挙げた3つの認知的道具を使えるように授業づくりを行うのですが、3つの認知的道具にはそれぞれ小さな認知的道具が付随しており、教師はそれらを手がかりに授業を設計していきます。言語学習において最も注目されるのは「話しことば」に付随する認知的道具、すなわち「物語、比喩、対概念、韻・リズム・パターン、イメージ、謎」だと思われます。なぜならば、それらはイメージ、感情、ことばなど「表象」にかかわる能力を育むことに主眼が置かれており、この「表象」にかかわる能力はことばを学ぶうえで非常に重要だからです（表2参照）。

　　（話しことばに付随する認知的道具は）学習で最初に使われ
　　る重要な鍵となる。これらの鍵は文化の宝庫の鍵を開
　　けるものであり、言語という素晴らしい道具そのもの
　　につないで使い、その働きを強める。
　　　　　　　　　　（イーガン2005/2010: 38　括弧内は引用者）

筆者は「つくる」ことで学ぶ言語活動（創作活動）やそこで用いられる言語学習素材に、どのような認知的道具が含まれているかという観点が、学習材や言語活動の選定の一つの手がかりとなり、ジェネレーター[1] としての教師を支援するのではないかと考えています。

表2　イーガンの認知的道具

話しことば	書きことば	理論的思考
物語（ストーリー）	現実の感覚	抽象的現実の感覚
比喩	極端な経験と現実の限界	主体的行為者としての感覚
対概念	英雄との結びつき	一般論と変則的事実の把握
韻、リズム、パターン	驚きの感覚	権威と真実の追究
冗談とユーモア	コレクションと趣味	メタ・ナラティブによる理解
イメージ	知識と人間的意味	
ゴシップ	ナラティブによる理解	
ごっこ遊び	学習脈略の変換	
謎	読み書きから生まれる眼	
表象にかかわる学習 （イメージ、感情、ことば）	知識の深め方、人間的理解 思考様式にかかわる学習	理論的学習 抽象的概念、哲学的理解

※イーガン（2005/2010）をもとに作成

創作活動を行う際の言語学習材として、筆者が特に注目しているのが「絵本」です。なぜなら、絵本には「話しことば」を発達させる認知的道具が豊かに含まれているからです（脇本2017）。【実践編】では、後述する「認知的道具」を活用する際に有用な言語学習材として「絵本」に注目し、絵本の教材研究を通じて、創造的想像力を生かした言語活動における「認知的道具」の働きについて詳しく検討したいと思います。

視点2：「見ること」によって引き出される詩や物語
　作家で文化人類学者でもある上橋菜穂子は、物語が頭に浮かぶ瞬間にはまず映像が思い浮かぶと言います。

物語を書きたいと感じさせる映像があり、さらに、何かのきっかけで別の発想が浮かび、それが最初に浮かんでいた映像を大きく膨らませ、飛躍させる力をもったとき、個々に存在していたときとはまったく別の強い息吹を感じさせる何かに変わり、様々な要素に火がついて、ぐんぐんと広がり、物語が生まれてくるのです。

(上橋2021:591)

　上橋は、心に浮かんだ映像と、そこから「連想」される数々のイメージが物語を形作っていくと言います。小川洋子もまた、小説が生まれるときは、ことばになる前段階のものが浮かんでくると述べています。

小説は言葉で書かれるものですから、言葉が浮かんでくることが始まりでないかと、最初の頃は思っていたのですが、言葉が浮かんでくるわけではなく、言葉になる以前の段階のものが、まず浮かんでこなくては言葉にならないのです。言葉は常に後から遅れてやってくるという感触です。

(小川2007:61-62)

　学習の場では、視覚的イメージの助けを借りることによって、学習者の心象イメージを引き出すことで、学習者が物語の「種」を見つけることを手助けすることができると考えます。世界で初めての語学教科書であると同時に、世界初の子ども向けの絵本と言われているのがコメニウスの『世界図絵』であることや、対話を重視したフレイレの識字教育で絵が積極的に用いられていることも無関係ではないでしょう。これらの例からも、ことばの学びと絵との関係の深さを窺い知ることができます。言語学習の場で、学習者の創造的想像力を触発し、「表現したいもの」を引き出したいのであれば、絵は添え物という発想ではなく、視

覚的なイメージを積極的に用いることが必要です。そのことによって豊かなイメージを伴うことばの学びを実現することができるでしょう。

　近年、従来の4技能に「みること」を加えたビューイング活動や、対話型の鑑賞教育を取り入れた実践なども、日本語学習における「イメージ」の活用という点で注目されます。学習者を取り巻くメディア環境の変化とともに、「見る」力（Visual Literacy: ビジュアルリテラシー）の必要性が指摘され、言語教育でも視覚的表現の理解を目指す「見ること」（Viewing: ビューイング）が教育領域に設定されるようになってきています（奥泉2006、門倉2011）。ビジュアルリテラシーとは、一言で言えば「絵や写真、図表、動画といった視覚的テクストを読み解き・発信する力」（奥泉2006: 38）のことです。英語圏の言語教育におけるビジュアルリテラシーの動向に詳しい奥泉香は、ビジュアルリテラシーは、従来の、文字テクストの読み解き・発信する学習の補助的手段として用いられてきた視覚的テクストとは一線を画すものであるとしています。

　また「見立て」も、創作における発想を手助けしてくれます。『明鏡国語辞典第二版』によると、「見立て[2]」は「俳諧・和歌などで、あるものを別のものになぞらえて表現すること」であり、また動詞の「見立てる」は「仮にそのものと見なす。なぞらえる。」ことです。「見立て」は、ある物事を仮に別のものと見なす視覚的な行為ですが、重要なのは「見立て」が、目の前の事物を別のものとして見なすという視覚的な"発見"であり（若山2013）、なおかつ別のものになぞらえて"表現する"という行為だ、ということです。すなわち、「見立て」は、発見と表現、あるいは見ることと作ることが交差・反転的に関係づけられた「創造的な発見に基づく表現（芸術）」ともいえる行為・現象だということです（大石2015）。この創造的な「発見に

基づく表現」である「見立て」という行為が、物語づくりの際のアイデアの発想を助けてくれます。

　【実践編】では、「見ること」によってどのようにことば（表現したいこと）を引き出すことができるかについて、「ビューイング（鑑賞）」や「見立て」、「写真」のようなビジュアルイメージを用いた詩や物語づくりの事例について紹介します。

視点3：想像を共有する「共同注視」

　視点2の「見ること」とも密接に関係しますが、教室での創作活動における「協働」や「対話」を成立させるうえで、注目されるのが「共同注視（ジョイント・アテンション joint attention、共同注意とも言う。以下、共同注視）」です。

　共同注視は、コミュニケーション場面において自己と他者が同じ対象を見て共有する三項関係のことで、社会関係の相互的なやりとりの中で言語が発達する過程における重要な概念とされます。認知言語学者のマイケル・トマセロは、共同注視のフレームは言語獲得にとって「活性された場」であると述べています（トマセロ2006）。共同注視の実証的な研究はスカイフとブルーナーの研究に始まるとされますが、ブルーナーらは、親子の社会的相互交渉の中に共同注視を発見し、ここから乳幼児が言語獲得以前に社会的認知能力を持つことを明らかにしました（古市2015）。これは言語の獲得があって、コミュニケーション能力（社会的スキル）が発達するのではなく、前言語的コミュニケーション能力（社会的スキル）を基盤として、言語が習得されるという社会文化的アプローチの考え方の基礎となっています。

　乳幼児の言語発達への関心から注目されるようになった「共同注視」ですが、ブルーナーもトマセロも大人同士の事例にも言及しており、乳幼児に限らず、人間が他者とコ

ミュニケーションをする中で文脈や意図を理解し、社会的現実を構築・調整するうえで重要な役割を果たしているといいます。たとえば、トマセロは外国人観光客が現地のことばを理解する過程を例に挙げながら、人は自分と相手とに共有されていると考えた社会的文脈や行為の目的に基づいて未知の言語記号の意味（指示対象）を理解するとしています（トマセロ2006）。また、ブルーナーも、広義の共同注視が日常生活を構成する共有された社会的現実を構築し、調整することを可能にするとの考えを示しています（ブルーナー 1995/1999）。

　相川隆行は、「自己と他者がある対象を共有するところの三項関係が、我々の他者の意図理解を成立させるための基盤」（相川2014: 57）であり、「（広義の）共同注意において、自己が、他者が注意を向ける対象への注意を共有することは、対象に対する意図を理解することに繋がる」（同: 62）と述べ、共同注視が語用論でいうところの文脈（context）の設定に当たるとしています。

　このように「共同注視」は言語の習得に伴って視覚的な共同注視から言語での共同注意へと次第に移行するとされるものの、共同注視というフレームそのものは大人同士のコミュニケーションにおいても変わらず重要な役割を果たすものと見られているのです。想像を共有する働きをする「共同注視」は、教室活動として創作を行う際に、重要な視点の一つとなると思います。本書の関心は、外国語（第二言語）として日本語を学ぶ場においても、この視覚的な共同注視のフレームを活用することで、ことばの学びを活性化するということにあります。先ほど見た絵本の協働翻訳においても、仲間とともに「絵」を見ることが重要な役割を果たしていましたが、【実践編】では、共同注視を活用した絵の鑑賞法（ビューイング活動）を用いた物語づくりについて紹介します。

視点４：学習の方法論としての「即興」

　もう一つ、限られた授業時間の中で創作活動を実現させ
ようとする際に助けとなる考え方に「即興」があります。
「即興」（improvisation、インプロ）は、チームづくりと創造
性を促進する活動として、学術研究や企業の組織開発など
において注目されています。もともと演劇界で行われてい
たインプロ（即興劇、即興パフォーマンス）は、まだ存在しな
いストーリーを演じながら作っていく、筋書きのないドラ
マであり、コミュニケーションにおける即興的な相互作用
という要素を凝縮した表現活動です。このインプロの理
論・手法を応用したインプロゲームや即興パフォーマンス
には、即興・協働・創造を促進するいくつかの共通する構
造が備わっており、創造力や組織力の強化を目的に世界中
でビジネス・教育・セラピーなど幅広い分野に応用されて
います（三野宮2018）。インプロすなわち「即興」の最大の
特徴は、次に起きることを予測できにくくするしかけがあ
り、参加者は次に何を言うか（行うか）をあらかじめ用意
するだけの間が与えられず、その代わりに「いま・ここ」
の状況に集中して相手のことばに耳を傾け、それに対して
直感的に生まれるアイデアを表現するところにあります。
ここで生まれるアイデアや表現は、自分と他者が互いに刺
激となって生まれるものであり、参加者全員によって意味
が更新され続ける協働的で創造的なものです（三野宮
2018）。

　即興がもたらす利点としてよく言及されるのは、自分で
考えられるようになること、台本なしでもできるようにな
ること、予見や予想のできないことにも素早く対応できる
こと、常識を打ち破ることなどがありますが、ホルツマン
は、「協働的な即興」（即興パフォーマンス）においては、さ
らに別の次元が加わると言います（以下、ホルツマン
2009/2014）。それはすなわち、新しい社会関係を即興的に

作り上げることを経験させ、そこには「モノローグに対してダイアローグの次元が、個人に対して関係論的次元が、結果のための道具に対して道具と結果の弁証法の次元が、反応に対して生成的次元が、獲得に対して発達的次元が」あるということで、ここに協働的な即興の大きな特徴があると言います。それは「学習が、社会的で創造的なプロセスであることを経験できる、教え込みでない学習方法」であり、予見できないものに対する創造的な対応能力だけでなく、予見できないものごとを生成する能力の発達をも支援するものとなります。

　ホルツマンは、この学習の方法論としての「即興」の空間とその活動はヴィゴツキーの「発達の最近接領域 (ZPD: Zone of Proximal Development)」を創造するものであり、「やりかたを知らないことも人々と共に実践することで、その活動のなかから学習し成長できる場」であるとして高く評価しています。即興は、「「現実の」制約から自由になることであり、大人が別の生を試したり、共有し、見せあい、つながりあうためのいろいろな手段をテストしたり、自分自身を十分見つめたりする、大人の遊び場」となります。なぜならば「即興」は、ヴィゴツキーが幼児の自由遊び（ごっこ遊びやゲーム遊び）に見出したルールと想像力で遊ぶ独特の方法であり、それが環境制約（「現実」）から自由に、もっとも近づける方法だからです（ホルツマン 2009/2014）。即興的な創作の場は、「ヴィゴツキーが「想像性の空間」と呼ぶ創造活動に没頭する機会を与える」のです。

　また、「即興そのものが学習のスタイルの一つである」という考え方もあります。松本雄一は、技能形成プロセスにおける即興概念とその役割をめぐって、「高度技能を用いて成果を生み出す「即興」」と、「技能を用いる状況の中での実践を通じた技能形成プロセスとしての「即興行為」」の二つの側面があるとしています。前者は、熟達者が行う

第1部　理論編

「即興」で、すでに獲得した高度な技術というのが前提になっており、ジャズの即興演奏や即興演劇などがその例です。それに対して、後者は「学習としての即興」で、状況の中で「やってみること」による学習という意味です。これは「試行錯誤」[3]に近いですが、松本は、試行錯誤による学習を下位技能の獲得に主眼を置くもの、「学習としての即興（即興行為）」をより高度な技能の獲得に主眼を置くものとして区別して用いています（表3参照）。

表3　技能形成における即興・即興行為・試行錯誤の比較

	即興		試行錯誤
	即興	即興行為	
主目的	成果	学習・成果	学習
技能	獲得済み	比較的高位の技術	下位技能
問題意識	即興を可能にする要因	有効な技能形成が行われるための要因	下位技能の習得
	制約による調整	即興行為のための状況	反復試行と偶然の成功
日本語学習	（例）実際の会話やメモなど	（例）田丸式メソッド	（例）文型練習 場面シラバス

（松本2002:33　日本語学習については引用者補記）

　つまり、松本やホルツマンの議論を踏まえると、「即興」という学習方法は、学習者一人ひとりの創造的想像力に働きかけるものであると同時に、教室のような協働的な場での「即興」は、より社会的で関係論的な創造的プロセスとしての学習を実現するものだと言えるでしょう。
　三野宮春子は英語教育における学習について、現実的な場面で交わされる相互行為のコミュニケーションは、意味状況が刻々と変化し、話者たちが即興的・協働的に意味を創造し更新し続ける力動的な営みにもかかわらず、英語学習で用いられるアクティビティのほとんどが、まだ始めないうちから終わりが見通せるような予定調和的なものであり、事前に入念に準備された静的情報を伝えあう非即興的

なものが占めていると指摘しています。学習者の言語体験の多様性を確保するには、このような偏りの是正が必要であり、学習者が意味状況の中で臨機応変に判断するような即興的な発表や即興的なやりとりのアクティビティが開発されていく必要があるといいます（三野宮2018）。

　日本語教育においても同様に即興的な学習活動の開発・研究が必要だと思われますが、本書が即興に注目する理由は、それが日々の言語活動が有する即興性に伴う必要性ということもさることながら、それ以上に、ホルツマンらが指摘するような「学習方法としての即興」に、これまでの積み上げ型（蓄積型）の学習方法では得られない生成的で発達的な学びがあるというところにあります。

　繰り返しになりますが、本書で注目するのは、松本がいうところの即興行為であり、学習者が「準備なし」に、その場で起きたものごとに取り組むことを通じて学ぶ学習としての即興、協働的な学習方法としての即興です[4]。【実践編】では、この「学習方法としての即興」という概念を踏まえながら、付け合いの「連詩」や超ショートショートの物語づくりの実践例について見てみたいと思います。

視点5：「エクソフォニー」が引き出す想像性
　最後に取り上げるのは「エクソフォニー」という視点です。先に見た認知的道具や共同注視などによって学習者の想像力を触発するような学習は、目標言語での創作活動でなくとも可能です。では、母語ではなく目標言語で創作する教育的な意義はどこにあるでしょうか。本書では、目標言語である日本語で創作することの積極的な意義は、学習者の表現意欲を育てることや学習の動機づけ、そして、何より「エクソフォニー」が引き出す想像性にあると考えています。すなわち、「目標言語で書く」からこそ、「母語でない言語で書く」からこそ触発される想像性があるという

視点です。

　「エクソフォニー」（"exophony"="exo" + "phony"）ということばは、「作家が母語以外の言語を選択して創作活動を行う現象」（松本2019: 4）を意味します。「エクソフォニー」ということばが日本で広く知られるようになったのは、ドイツ語で創作を続ける作家・多和田葉子によるところが大きいといえるでしょう。多和田は自らを「エクソフォニー作家（exophonic writer）」と呼びます。

　　　これまでも「移民文学」とか「クレオール文学」というような言葉はよく聞いたが、「エクソフォニー」はもっと広い意味で、母語の外に出た状態一般を指す。外国語で書くのは移民だけとは限らないし、彼らの言葉がクレオール語であるとは限らない。世界はもっと複雑になっている。　　　　　　　　　　（多和田2012: 3）

　歴史的あるいは政治的状況から母語以外の言語の使用を余儀なくされた人々の場合とは異なり、「エクソフォニー」作家は、自らの自由意志にしたがって母語以外の言語で作品創作を行うことを選択した作家たちを指します。ただし、多和田にとって、この「エクソフォニー」は、単にどの言語を創作言語に選択するかという問題ではありません。むしろ、その言語と母語との間の「詩的渓谷」、つまり両言語の「あいだ」に身を置くということが多和田の「創作」にとって大きな意味を持っているのであり、この点こそ本書が「エクソフォニー」という概念に注目する理由です。

　　　わたしはたくさんの言語を学習するということ自体にはそれほど興味がない。言葉そのものよりも二ヶ国語の間の狭間そのものが大切であるような気がする。わ

85

たしはＡ語でもＢ語でも書く作家になりたいのではなく、むしろＡ語とＢ語の間に、詩的な渓谷を見つけて落ちて行きたいのかもしれない。　　（多和田2012: 36）

　谷川道子は、多和田がドイツ語で語った次のようなことばを紹介しています。

ドイツ語でなくてもいい。私にとって重要なのは、母語で書きつつ、別の言語でも書くということ。二つの言語で書くことによって、言葉という織物のなかに私はたえずブラックホールを発見する。この言葉のない穴の中から、文学が生まれてくるのだ。

（谷川 2008: 57）

　多和田は、「自分を包んでいる（縛っている）母語の外にどうやって出るか？ 出たらどうなるか？」という創作の場からの好奇心に溢れた冒険的な発想が「エクソフォン文学」だ、と述べていますが、多和田の創作活動が興味深いのは「母語の外に出る」ことで言語と言語の狭間に身を置き、その不安定な経験にこだわることで、それを文学的な戦略として自らの創作方法にまで鍛え上げようとしていることです（松本2019）。
　母語話者が普段気に留めないで使っている合成語や慣用句などには、ことばの中に面白いイメージが隠されています。外国語を学んでいる時の方が、母語でしゃべっている時よりも、このようなことばの面白さに気がつきやすいと言えます。
　日本人初のルーマニア語の小説家として注目を集める済東鉄腸も、二ヶ国語の狭間に身を置いて創作する作家の一人ですが、済東は自身のルーマニア語を「日系ルーマニア語」と呼び、ルーマニア「語」に移民していると表現しま

す。そして、普通は間違っている、もしくは不自然だと思われることばには新しい可能性が宿っているといいます。

> 言葉というのは生まれてそこに存在する以上、必ず何らかの意味があると思える。だからこそ、新たな言葉を見出し、そこに価値を創造するためだけにこそ作品を書いたっていいと、そう思うんだ。(済東2023：141)

　済東は、非ネイティブだからことばの使い方が「普通」と違うがゆえに、必然的に新しく見えざるを得ないという面ももちろんあるが、言葉を扱う芸術家を自負するならば、野心的にことばの新しい可能性を見出していきたいといいます。済東も自らを「エクソフォニー」な状況に置くことで多くのインスピレーションを得ているようです。
　創作は一つの自己表現であり、それは創作に用いる言語が目標言語であっても変わりません。むしろ、目標言語の不自由さを逆手にとって、新しい発想の糧にしてしまおうというエクソフォニックな創作体験が、学習者の想像力を触発する言語学習においては大きな意味を持つ、と本書では考えます。
　【実践編】では、多和田葉子『エクソフォニー ── 母語の外に出る旅』(岩波現代文庫、2012) で紹介されている「蚤の市の発想」による創作ワークショップを取り上げたいと思います。

　内モンゴル出身の中国人留学生であったボヤンヒシグは、日本語で日本と母国への思いを綴った詩文集『懐情の原形──ナランへの手紙』(西治出版) が高く評価され、日本で学ぶ外国人留学生による小説・詩・エッセイを対象にした「留学生文学賞」(2000年〜2010年) 設立のきっかけをつくりました。『バイリンガルな日本語文学』(郭南燕編、三元社、2013) には、国際日本文化研究センターにおいて

行われたシンポジウムでのボヤンヒシグの創作観に関する発言が収められています。ボヤンヒシグの発言の中で大変印象的なのが、母語に比べて目標言語である日本語は語彙が少ないからこそ、「創作にあたってことばを無駄にしない」という発言です。そして、限りあることばを使って文学を創作することは非常に難しいことではあるが、それができるようになれば喜びにつながる、と言います。以下に引用するのは、留学生として日本に滞在していた学習者の視点と創作者（表現者）の視点が語られているボヤンヒシグのことばです。少し長くなりますが、紹介します。

> 八年間、日本で日本語を勉強しました。（略）でも、八年間この母語じゃない言葉を勉強しても、語彙は非常に少ない。数が限られていると思いますね。
> 　それを使って文学を創作するというのは、非常に難しいことです。でも、それができるようになれば、喜びにつながると思いますね。なぜかというと、ものが少なければ、やっぱり無駄にしない。（略）無駄に使わないということは、僕の日本語で創作した一番大きな経験といえます。それは、僕の今のモンゴル語の創作にも非常に影響を与えていると思います。（略）母語という言葉は、僕の考えでは、非常に大きな自信を与えるわけですね。やっぱり何も知らないうちから身につけちゃったものだから。
> 　しかし、外国語の場合は全然違います。日本語で詩とエッセイは書いていますけど、いつもおずおずしながら、自信がない。あまり自信がない。しかし、あまり自信がないから、逆に真面目になるわけですね。この態度が、僕のここ十年間の文学創作に多少影響を与えています。僕にとっての日本は、日本語そのものだと思います。
> 　　　　　　　　　　　　　　（ボヤンヒシグ2013: 184）

江原美恵子は、初級レベルの日本語学習者を対象に俳句・短歌・詩の授業を行うことの意義について、「日本語の語彙力・文法力に限りがあっても、その少なさの中で自分が表現でき、相手を理解しようと努力できればコミュニケーション力は身についていく。日本語を豊かにしていくためには様々な方法があるが、俳句・短歌・詩という型を通し、『自身のことば』を探すことによって作品として相手に手渡す行為は、お互いを認め合い、受け止め合うコミュニケーションになっていく。」（江原2019: 35）と、述べています。日本語の語彙力や文法力に限りがあっても、その少なさの中で自分が表現でき、それによって学習者の日本語を豊かにしてくことができるということは、ボヤンヒシグの語りが裏付けています。

　エクソフォニー（母語の外に出る）ということは、自らの意志で常識の外に出るということです。言語学習はことばへの気づきを促すことが重要だといわれますが、エクソフォニーの体験によって、母語文化への問い直しや目標言語である日本語についての発見など、ことばへの気づきが深められると思われます。

　母語の外に出るからこそ触発される想像性がある。それは、国語教育にもほかの表現教育にもない、外国語教育（第二言語教育）である日本語教育だからこそ引き出せる学習者の想像性です。であるからこそ本書では、日本語教育における創作活動に必要な視点として、「エクソフォニー」を挙げたいと思います。

3 │ 評価や実用性とは一線を画した教育領域を確保する

　ブレンダ・ウェランドは、「なぜ私たちは、創造力を使って書いたり描いたり演奏したり、ということをしなければならないのか」と問い、「それは、人間が寛容になり、

生き生きと喜びに満ちた、率直で共感的な存在に、あるい
は、戦いや金儲けなどに無関心な存在になるには、創造力
を使う以上にいい方法はないから」であり、「真実や美を
知るには、それを表現するのが最上の方法だから」（ウェラ
ンド1938/2004: 262）だと述べています。

　　創造する力、および想像力はすべての人間に備わって
　　おり、だからこそそれを表現する、すなわち他者と共
　　有する必要があるのです。　（ウェランド1938/2004: 14）

　誰にも才能や独創性があり、言うべき大事なことがあり
ます。しかし、残念ながら評価を前提とした実用指向の教
育では、それら秘められた創造的な力はほんの一面でしか
発揮されないか、下手をすればその芽を摘まれてしまいま
す。教育が学習者に潜在する創造的想像力の芽を摘まない
ためには、十分な注意を払わなければなりません。
　ピーター・グレイは、心理学の観点から学習者の自立し
た学びにおいて「遊びの力」が重要であるとして「遊びの
教育的価値」を主張しています[5]（グレイ2013/2018）。グレ
イによると、「学び、創造性、そして問題解決は、遊びの
心理状態を促されるものが提供されると、促進され」（同:
181）ますが、「それらは評価、報酬の期待、そして遊びの
心理状態を損なうものによって抑制される」と言います。

　　どんなにたくさんの実験を繰り返してももっとも創造的な
　　作品は、常に創造性の動機づけが一切されなかったグ
　　ループから生まれました。つまり、評価もされないし、
　　コンテストにも出品されないし、賞がもらえるとも知らさ
　　れていなかった人たちです。彼らは、作品を楽しみに作
　　っていたと思っていました。本章での用語を使えば、「遊
　　んでいた」だけでした。　　　（グレイ2013/2018: 176）

創作は実用的なスキル獲得をめざす学習ではありません。また創作では、基本的に「評価」は行いません。筆者は日本語教育の中にも、評価を前提としないで日本語力を伸ばしていく教育領域があっても良いのではないかと考えています。評価から解放され、楽しみながらできる環境で、ことばで遊びながら自由に書くこと、それが最も理想的な創作による学習です。もちろん、日本語での創作活動が、これまでの日本語教育に完全に取って代わるものとなると考えているわけではありません。そうではなくて、これまでの日本語教育に欠けていたもの、足りなかったものを補う、そのための教育実践という位置づけです。通常の授業と並行して、あるいはほんの一部の時間を創作の時間に充てるだけでも、学習者は日本語で表現しながら学ぶ場を得ることができます。実用指向の強い日本語教育において創作活動を行うのであればなおのこと、そこで行われる創作は評価と距離をおいたものであるべきだと考えます。創作という教育実践を取り入れることによって、通常の日本語教育の中に、実用性や評価を前提としない教育領域を確保していくこと、そのことに意味があると考えています。それが、学習者が日本語で表現することへの意欲を育み、また、多角的な目で物事を捉える力を育むことに貢献

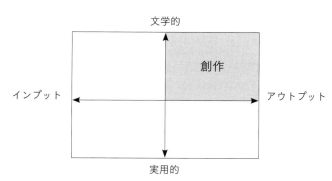

図3　従来の日本語教育に欠けていた「創作」の領域

できると考えます。

　創作活動によって、いろいろな学びのチャンス（可能性）を広げられたらと思います。そうすることで、日本語を豊かにする、その人のことばを豊かにする、そのような日本語教育を実現することができるのではないかと期待しています。

注

［1］ジェネレーターは「生成する人」であると同時に、メンバー間のコミュニケーションを促し、他のメンバーの創造を支援する役割を担っています。本書では、詩や物語の創作活動におけるジェネレーターとしての教師の役割は、自ら積極的に詩や物語の創造（生成）に関わっていくとともに、そのプロセスを通じて「学習者を物語の語り手へと育てていく（育成する）」ことにあると考えます。

［2］「見立て」が日本語や日本文化の随所にみられることは広く知られています。俳諧だけでなく、庭園、浮世絵、歌舞伎、茶道など日本の文化芸術の世界では様々な「見立て」が用いられます。また、日本語においても「月見そば」「（牡蠣の）土手鍋」「（鯛の）兜煮」などの命名に「見立て」が認められます（百留2013）。言語学的にみても、見立ては「具体的なものの〈見え〉や話し手が創出した〈見え〉に新たな〈見え〉を重ねる、主体的かつ創造的な手法」（守屋2013: 1-2）であり、日本語特有の発想であるとされます。創作だけでなく、日本語教育における日本語・日本文化へのアプローチとして、「見立て」という概念は非常に興味深いものであるということを指摘しておきたいと思います。さらに言えば、江戸の研究者として知られる田中優子は、現代の人間観は社会のなかの結節点としての自分の役割があまりにも限定されているのに対し、江戸時代にあってはひとりの人間のなかに役割意識以外の複数の自己像があったことが「見立て」と「やつし」という見方によって捉えることができると指摘しています。すなわち、「見立て」は、顕れている自分がそこには見えない何かに見立てられているという捉え方であり、「やつし」は隠れている何かに身をやつしているという捉え方であり、それぞれが複数あっても構わないという複合的人間観や複合的社会観を江戸時代の人びとは有していたという指摘です（田中・松岡2017）。このように「見立て」や「やつし」への注目により、ひとりの人間の中の複数性を前提とした人間観が見えてくるという観点は、ひとりの人間のなかに複数の能力（マルチリテラシーズ）を見てそれらを引き出していこうという本書の関心

にも大きな示唆を与えてくれるものと思われます。

[3] ここでいう「試行錯誤」は、第1部第2章で触れたナハマノヴィッチのいうところのトレーニングに相当すると思われます。

[4] ホルツマン（2009/2014）は、ヴィゴツキーの「発達の最近接領域（ZPD）」を学習のプロセスであると同時に、学習の結果でもある弁証法的な学習空間・学習活動として捉えています。そして、即興（特にインプロ）が「プロセス（道具）と産物（結果）」の弁証法的な学習環境を創造するものと見ています。松本（2002）の「即興行為」も、学習としての即興が、学習プロセスとその成果の両方を含むものであることを指摘しています。このような立場から見ると、即興による学習は、学びのプロセス（道具）であると同時に、学びの成果（結果）そのものでもあると言えます。

[5] シンガー＆シンガー（1990/1997）は、人間の生涯発達における遊びと想像力の働きについて、「人生最初の（幼児期）3〜4年間において決定的に重要である。だが一つひとつの新しい人生課題が、想像遊びのための新しい機会となる。それは空想に、アマチュア芝居に、読書に、映画に、演劇の楽しみに、あるいは単に、避けがたく死に向かう人生に必ず伴う苦渋や喪失の多くをいっとき和らげるユーモアに、現れる」（同: 50）が、こうした人間の遊び心やファンタジーの表出の多くは初期成人期までに閉ざされてしまうといいます。そして、思考の私的な領域でのファンタジーは続くものの、仕事や家庭生活の中でもっと制限された「現実的」なものとなるといいます。大学教育における創作活動では、このように学習者の奥底深くに眠っている潜在力を引き出す作業が必要になるといえるでしょう。

第5章
絵本の教材研究：
認知的道具プラスα

　　【実践編】に入る前に、本章では実践のための理論的道具立てとして、第4章で視点1に挙げた「認知的道具」について絵本の教材研究という形をとって、詳しく見ていきたいと思います。

　　これまでの日本語教育における絵本を用いた実践研究を見ると、大きくわけて①年少者教育における活用（cf. 国府田2004、中川・尾関2007）、②多読等の読み物教材としての活用（cf. 渡邊2016）、③異文化間教育（異文化理解）の教材としての活用（cf. 伊藤2008、横山2011）などがあります。その中で、第二言語教育で絵本を活用する利点として、次のような点が挙げられています（山口2002、鶴田2006）。

- 1頁の文章があまり長くなく、絵があることでことばが多少わからなくても楽しめ、目標言語でどんどん読み進められるという充実感がある。
- 物語絵本は起承転結があるものが多く、全体の流れを予測しやすい。
- 繰り返し用いられる語句が多く、単語が定着しやすい。
- 音読すると語句が心地よく、単語が耳に残りやすい自然な言い回しだけでなく、絵からその言語を用いる社会の文化などがわかる。
- 絵本の翻訳によって日本語の談話構造的・語用論的・

社会言語学的特徴の意識化を促すことができる。

　そうした先行研究の絵本に対する評価を引き継ぎつつ、本書で最も注目したいと考えているのは、なんといっても絵本の持つ「想像力を引き出す力」です。もちろん、詩や物語の創作は、絵本を用いた活動に限定されるものではありません。それでも本書でとくに絵本に注目するのは、絵本というメディアの持つ特性への考察を深めることで、創造的な学びにおけることばの働きや創造的な学びを助ける学習材の特徴といった事柄が、浮き彫りになると思われるからです。

　以下では、絵本の中の「認知的道具」について、話しことばの認知的道具のうち、「物語、イメージ、対概念、比喩、韻・リズム・パターン」の5つを取り上げ、いくつか具体例を挙げながら見ていくことにしたいと思います。また、絵本特有の想像力を触発する機能として、絵本の「めくる効果」（ページネーション）という特徴についても触れます。

物語（ストーリー）
　物語（ストーリー）は、人間が世界を把握する枠組みの一つです。認知心理学者のジェローム・ブルーナーは著書『意味の復権』（1990/2016）の中で、「人のコミュニケーションにおいて、もっとも身近にあり、もっとも力強い談話形式の一つが物語」（同: 108）であり、「物語構造は、言語による表現が可能となる前の、社会的実行行為の中に本来備わっているほどである」（同: 108）と述べています。
　イーガンは学習における物語の価値は、私たちの感情を方向づけ、想像力を触発して、学ぶべき知識と取り組むことを可能にする点にあるといいます（イーガン 2005/2010）。物語（ストーリー、ナラティブ）では内容が事実かどうかよりも、内容

に意味を与えるまとめ方に比重が置かれます。物語はまた、空想的内容も現実的内容も構成できます。前者はフィクション（虚構）としての物語であり、イーガンはこれを「物語」あるいは「ストーリー」と呼んでいます。後者は新聞記事のようなノンフィクションの物語であり、イーガンはこれを「ナラティブ」と呼んでいます。「ストーリー」は主に「話しことば」に付随する認知的道具であり、「ナラティブ」は「書きことば」や「論理的思考」に付随する認知的道具です。イーガンは高学年になれば、「物語」から「ナラティブ」へと比重が移っていくといいます。ただし、だからと言って物語（ストーリー）の学習的価値が失われるというわけではありません。物語は、大人になった学習者も惹きつけますし、いつでも私たちの学習を助けるものです。

> 物語は、社会の重要な情報を覚えやすい形で伝えるために最適の道具であり、広く使われている。そのうえ、聞く人の感情が物語の内容によって形成されていく点では、他のどんな道具も物語にはかなわない。他のすべての認知的道具と同様、この道具は人が大人になるにつれてお払い箱になるということはない。
>
> （イーガン 2005/2010: 16）

　日本語教育において用いられる「ナラティブ」は、一般的に「会話において、話し手が過去の経験や出来事、見聞きしたことについて話し聞かせること」（近藤・小森 2012: 150）とされます。日本語教育では、「経験を語る」「本や映画の筋を順序立てて話し、それに対する自分の考えを述べることができる」ということが目指されます（近藤・小森編 2012）。それは、「自分のテーマ」や「日本語人生」について語ることを重視する自己表現活動や学習コミュニティの生成が目

指される学習活動、及び、それらを質的に分析する実践研究において非常に重要な概念です。日本語教育では、対話や協働を重視する教育実践が広がる中で、この「ナラティブ」（いわゆるナラティブによる物語的アイデンティティ）に熱い視線が注がれてきました（佐川2017）。

　では、イーガンが基本的な認知的道具と考える「物語（ストーリー）」についてはどうでしょうか。残念ながら日本語教育において、「物語（ストーリー）」は等閑視されてきた感が否めません。たとえば、リッチングスは、日本語教育において文学教材が軽視されている現状について次のように指摘しています。欧米の外国語教育では、教材としての文学が言語能力を高め、自己啓発と批判的・分析的思考力を養い、文化的な気づきを促進するといったメリットが認識され、言語教育及び文化教育に積極的に利用されているのに対し、日本語教育では、文学が言語教育及び文化教育の一環として応用されている事例がほとんど見受けられず、教材としての文学に焦点を当てた研究も非常に限定されていると述べ、その要因として、日本語教育における根強い実用主義や教師の文学教材についての理解不足などを挙げています。そして、その結果として、文学教材の意義が見出されていないといいます（リッチングス2018）。この指摘をみても、日本語教育においては、創作に限らず、物語（ストーリー）そのものにあまり教育的関心が払われてこなかったように思われます。

　また、教育の現場で学習者に「ナラティブ」を語らせることの危うさを指摘する研究者もいます。たとえば寺井正憲は、国語教育におけるお話の語り、ストーリーテリング活動について、「家族のこと、知人のこと、そして自分の生い立ちや自分の人生」を語らせるには、語り手と聞き手との心が通い合うような温かい語りの場を生み出すための慎重な準備が必要であること、また、これを一律に授業で

行うことによって学習者に苦しい作業を強いる可能性もあることを指摘しています。そして、「虚構の話に語り手の思いや願いを託すことは十分にできるし、虚構だからこそ思い切った自己表出、自己表現もできることを考えれば、無理に自分の人生を語らせることはしなくてもよいだろう」（寺井・青木編2001: 15）と述べています。「ナラティブ」は学習にとって非常に意味のある認知的道具であることは確かです。しかし同時に、「ナラティブ」が持つ危うさについても教育現場に立つ人間は自覚的である必要があるでしょう。

　すでに述べた通り、本書の関心は日本語教育における物語（ストーリー）の創作活動の教育的価値について改めて検討するということにあります。第1部第3章に見た通り、絵本の翻訳をめぐる仲間との話し合い活動は、語義と意味の往還運動（狭義のファンタジー）を呼び起こす創造的な学習です。そして、絵本を一冊まるごと持ち込むということは、教室に虚構の世界（広義のファンタジー）をつくり出すということでもあります。これは、単に、取り上げる絵本が物語絵本だからというだけでなく（もちろんそれも大きな要素ではありますが）、以下に検討する絵本に備わる「イメージ」や「対概念」、「比喩」といった諸要素が学習者の創造的想像力を触発し、学習者自身の「物語（ストーリー）」を引き出すということが大きな意味を持つと考えます。

イメージ

　絵本は、読み手が絵本の世界や物語のイメージを作りだすうえで、絵とことばの2つの構成要素が大きな役割を果たしています。絵本では視覚的テクストが得意とする意味（たとえば空間的イメージ）は絵で、文字テクストが得意とする意味（たとえば時間の経過）は文で表現され、ことばは最小限に抑えられます（生田・石井・藤本編2013）。

ジェーン・ドゥーナンは、絵とことばの2つのテクストの「読み」の違いについて、ことばの場合は、次になにが起こるかを知ろうとして「物語に背中を押される」ようにしてどんどん読み続けたくなるのに対して、絵のほうは、見て、探して、考えてと、「読者を立ち止まらせようとする」という違いがあると述べています（ドゥーナン1993/2013）。

　言語学習においては、単に、絵本のことばが簡単だから学習材として取り入れやすいというのではなく、簡潔なことばが絵とともに豊かな文脈や状況を表していること、読者が立ち止まって考える（イメージする）余地があるということが大きな意味を持つと思われます。

　フレッケンシュタインは、「国語科の授業にイメージを取り込む」と題した論文の中で、言語学習とイメージについて次のように述べています。

　　映像的イメージ、言語的イメージ、精神的イメージ——私たちは、意識的にも無意識的にも、生活のあらゆる面でこうしたイメージに頼っている。(略)けれども教室に入って書き方とか読み方とか文学とかを教えようとするときに、多様性に富むイメージが私たちの世界に流れ込むことについて私たちはめったに触れない。そのかわり、言語に触れるために言語を用いるのである。私たちはイメージに背を向ける。(略)言語に欠けるものがあるためにイメージに着目する努力を求めているのではない。むしろイメージと言語のあいだをつなぐのに必要な交流を授業に迎え入れることによって、その意義を認めることが求められるのである。

　　　　　　　（フレッケンシュタイン2002/2012: 100）

　学習材として絵本を捉え直すとき、絵本が有する視覚的

イメージが持つ意味は大きいと思われます。脇本聡美が指摘している通り、「絵本の絵は物語の世界のイメージを読み手に伝える役割と、そのイメージを受け取った読み手が、ことばで語られる物語とともに心の中に新たなイメージを描き出す力を育む働きがある」（脇本2017: 91）と考えられるからです。つまり視覚的イメージである絵本の絵は、物語と調和し、補完し合い、ことばによって生み出される「イメージ」と重なり合い、私たち自身が心の中にイメージを生み出す力を育てる働きをするのです（脇本2017）。

　言語学習において絵本を利用する場合、おそらく「絵」という視覚的テクスト（視覚的イメージ）があるからこそ引き出されることばの学びがあるように思われます。このことについては、「共同注視」とも関係していますが、たとえば第1部第3章で取り上げた『とべバッタ』の翻訳をめぐる話し合いを見ても、絵から多くのヒントを得てイメージを膨らませ、翻訳に役立てているのがわかります。

　他にも韓国で教室活動として『ねないこだれだ』（せなけいこ作・絵、福音館書店、1969）を協働で翻訳した際に、「おばけ」という単語を韓国語でどのように訳すかについての学習者たちの話し合いが興味深かったです。なぜなら、「おばけ」に相当する訳語として、「トッケビ（도깨비）」「鬼神（귀신）」「幽霊（유령）」が考えられるのですが、それらのことばの持つイメージと、『ねないこだれだ』に描かれるおばけの絵のイメージ（図4参照）とが、必ずしも一致しないため、意見が分かれたからです。学習者は各自が持つおばけという「ことば」のイメージと、描かれたおばけの「絵」のイメージとを、お互いにすり合わせなければなりませんでした。

　イーガンは、私たちは心の中に生み出される「イメージ」を使い、考えることと感じることを同時に行うと述べています（イーガン2005/2010）。絵本では、ことばと絵か

図4 『ねないこだれだ』の表紙
せなけいこ作・絵、福音館書店、1969年

ら引き出されるイメージがあり、そのイメージについて語り合うことで、ことばの学習が促されるのです。

　ところが、日本語教育では視覚的イメージ（とくに絵や写真などの静止画）とことばの学びの関係については、残念ながら、十分に関心が払われてこなかったように思われます。多くの初級教科書に描かれる挿絵や絵カードは補助的なものであり、中上級の教科書ではそうした絵も姿をひそめます。しかし、岡崎洋三も指摘するように、日本語の学習で使用する絵カードや写真といった視覚的イメージは、「なんとなくあるものでも、余白を埋めるものでもなく、学習者に何らかの心的イメージを与えるものとして『なければならないもの』と位置づけ」（岡崎2011: 58）、意識的に使用する必要があるように思われます。このように絵本を日本語学習材として見ることによって、改めて、日本語の学習の中に視覚的イメージをどのように位置づけ直すかということが問題として浮き彫りになってきます。

対概念

　イーガンは、物事の意味を把握するには、まず、善／悪、高い／低い、天／地、暑い／寒い、勇敢／臆病のように対概念を上手にコントロールして使えるようになることが必要だと言います（イーガン2005/2010）。松岡正剛も、このように2つずつで発想する「対発想」が想像力を動かしてくれると述べています（松岡2019）。ただし、松岡の

場合は、対発想は必ずしもイーガンの挙げるような二値的で両極的な対概念でなくても良く、たとえば「漱石と鷗外」「珈琲と紅茶」「靴と靴下」のような対も想像力を触発する対発想となると言います。

　先に見た絵本『とべバッタ』の協働翻訳の過程でも、対立的な概念（表現）の中から相応しいことばを選び取っていくというケースが見られます。たとえば、第5場面には「バッタは、おおきな いしの てっぺんで、ゆうゆうと ひなたぼっこを はじめた。」とあるのですが、この「おおきな いし」を翻訳するにあたって、これははたして「石」なのか「岩」なのかが問題となります。学生たちは「石」と「岩」を対比的に捉え、小さな石（돌）と大きな岩（바위）を対比し、最終的には絵の助けを借りて（周囲の草よりも大きく描かれている点に注目して）その大きさにふさわしい表現が判断されます。学生たちが選んだ翻訳は、「커다란 바위（おおきな岩）」でした。また、第14場面は「「なんだい、あの みっともない とびかた！」トンボが すいーと きて、ばかにして わらった。「まあ、おかしなとびかた！」チョウたちが、ひらひら まいながら はやしたてた。」という場面ですが、トンボの台詞「なんだい～」と、チョウたちの「まあ～」という台詞をどう訳すかが議論になりました。学生たちはトンボとチョウの台詞を男性らしさと女性らしさの対比で捉え、「まあ」を「女性っぽい言い方」で訳出する必要性があるということを確認し、翻訳しています。

　そもそも多くの物語は、相対する概念を軸に構成されているといいます（脇本2017）。『とべバッタ』という物語も、「弱虫なバッタ」から「勇敢なバッタ」への成長物語として描かれており、初めはびくびく隠れ住んでいたが、困難を経て、「堂々と自分の意志で高く飛んでいく」という対比を軸に物語が展開しています。たとえば第1部3章の事例で見た「バッタはうきあがった」の訳出は、そうした物

語の流れを踏まえて訳す必要があったといえます。これは「（地面へ落ちてしまい）もうダメか」というバッタの「絶望」と、「（うきあがって）助かった」という「希望」との対比が表れている場面であり、学生たちは韓国語の「간신히（やっと／かろうじて）」という表現を用いることで表そうとしました。このように、ことば一つ選ぶにも、物語全体の文脈の中でどのような意味を持つのかを理解し、前後の対比がよく表れるようにするという視点が働いていたといえます。

　他にも、たとえば、絵本『せんそうしない』（谷川俊太郎・文、江頭路子・絵、講談社、2015）には、「こども／おとな」「敵／味方」「ごはん／パン」「ワイン／日本酒」のように対となることばが数多く登場します。紙幅の都合上、ここでは詳しく紹介できませんが、『せんそうしない』の翻訳文をめぐる話し合いでは、特に教師から指示がなくとも、「対比的、対照的に訳そう」と意識され、そこでの議論もなかなか興味深いものでした[1]。

　このように、絵本という素材には、対概念が多くみられ、対発想でのことばの捉え直しを促す機会を与えてくれると言えるでしょう。

韻・リズム・パターン

　ことばの音楽的要素もまた、知識や情報の記憶を助ける知的な道具として重要な役割を担っています（脇本2017）。イーガンは、話しことば中心の文化において、韻・リズム・パターンは、大切な知識や情報を記憶に留めておくことにとても効果的であったという点に注目します。そして、それは今日の学習においても、どんな学習者にとっても意味深く、覚えやすく、魅力的にする力のある道具になるといいます。

　日本語のリズムといえば、第一に挙げられるのが音数律です。たとえば、筆者が学生と川柳・俳句・短歌の創作を

する際に、川柳や短歌の作品と併せて紹介する絵本に、小西英子『のりまき』（福音館書店、2016）があります。この絵本は、「おおきなのりを よういして」「おすしのごはんをひろげたら」「さいしょにおくのは たまごやき」と、美味しそうな寿司の絵とともに七五調でストーリーがすすんでいきます。七五調の日本的なリズムを感じられる好例です。川柳や短歌の創作の際に、川柳・短歌の作品を紹介するのはもちろんのことですが、このような作品に触れることで、生活の中に日本語のリズムとして七五調が生きているということをより体感できるのではいかと思います。

　また、授業で翻訳に取り組む際のウォーミングアップとしてしばしば用いるのが、先に挙げたせなけいこのロングセラー絵本『ねないこだれだ』（福音館書店、1969）です。この作品は七五調ではないのですが、「とけいがなりますボンボンボン…」「こんなじかんにおきてるのはだれだ？」「ふくろうに みみずく」「くろねこ　どらねこ」「いたずらねずみ」「それともどろぼう…」のように、全体としてリズムが感じられる作品となっています。興味深いのは、韓国語版ではオノマトペが多用され、リズム感を出しているという点です。授業での翻訳でも日本語のリズムを感じてもらいながら、母語の韓国語に訳す際にも、韓国語のリズムや音を考慮して訳してもらいます。このようにそれぞれの言語でのリズム感というのを体感できるのも言語学習材としての絵本の魅力の一つといえるでしょう。

　また、ことば遊びをする際に紹介するのが、谷川俊太郎の『ことばあそびうた』（瀬川康男・絵、福音館書店、1993）です。これは、「新たな日本語の試みに瀬川康男が最高の技量で、ユーモアを湛え、詩をものがたりながら挿絵を描いたことにより、詩集としても、絵本としても、子どもたちと大人が同時に、拍手喝采で迎え入れた」（斎藤2011: 453）と評される作品であり、国語の教科書に載っていた

こともあるため多くの日本人に親しまれています。

かっぱ

かっぱかっぱらった
かっぱらっぱかっぱらった
とってちってた

かっぱなっぱかった
かっぱなっぱいっぱかった
かってきってくった

（詩集『ことばあそびうた』より）

　この詩集絵本では、音数律はもちろんのこといくつかの作品では脚韻も味わうことができます。谷川は、『ことばあそびうた』をつくりはじめた理由について次のように述べています。これを読むと一人の詩人が、日本語の韻・リズムといかに格闘し、楽しみながら詩作に取り組んだのかが伝わってきます。

　　私が自分というものの貧しさにくらべて、言葉の世界がいかに奥深く豊かであるかということに気づいたからだろう。自分に言葉をひきつけるのではなくて、自分が言葉の中に歩み入ろう、むしろ自分を消してゆく方向に、言葉の富は表れてくるのではないか、あとになってみるとそんな風に考えていたと言えるかもしれない。（略）私の興味は、日本人の耳を楽しませるほどの強い（しつこいと言うべきか）音韻性を、規則にしばられずに試み、しかもその内容はノンセンスにせず、たとえばわらべうたに見られるような一種のポエジィ（時にはユーモア）を、感じさせるものにしたいと

いうところにあった。（略）これは予想したよりもはるかに困難な、しかし同時にはるかに楽しい仕事になった。困難は、音韻の行の頭や尻で合わせるだけでは足りず、もっと多量に踏む必要があり、しかも私が耳からの伝達と、子どもにも楽しめるものをねらったことからくる語彙の制約にあった。だがその困難は言ってみれば、手仕事をする工人の感ずる木や土などの素材のもつ抵抗感に似たところがあるように思われ、自己表現やなまじの恣意を許さぬその手ごたえが逆に私につくる喜びをもたらした。　　　（谷川1993: 121-122）

　パターンについては、第二言語教育においては、「繰り返し用いられる語句が多く、単語が定着しやすい」という点が絵本活用の長所と捉えられてきました（山口2002）。たしかに絵本では同じフレーズや文の繰り返しによってストーリーが展開することも少なくありません。
　たとえば、荒井良二の『あさになったのでまどをあけますよ』（偕成社、2011）は、全17場面（扉含む見開き17ページ）のうち8つの場面で「あさになったので まどをあけますよ」、6つの場面で「～だから、ぼく／わたしはここがすき」、2つの場面で「きみのまちは はれているかな？」という表現が反復され、ある種の繰り返しのパターンとともにストーリーが展開しています。また、さとうわきこの『おつかい』（福音館書店、1993）や片山健の『おやすみなさいコッコさん』（福音館書店、1988）では、「～だもん（だもの）」というフレーズが繰り返され、印象的です。このように絵本には、フレーズの繰り返しがしばしば登場し、それが作品全体にリズム感を与えています。学習者にとっては、繰り返しによって印象（記憶）に残るとともに、少しずつ違ったシチュエーションの中で、何度も同じフレーズが繰り返されることで、そのフレーズ（ことば）のニュア

ンスが捉えやすくなります。

　絵本は声に出して読むこと（読み聞かせ）を想定して作られており、日本語の音やリズムを考慮して作品づくりが行われています。そのため、たとえば翻訳の素材として使う場合においても、絵本の翻訳はことばのリズムや音のイメージを、どのように訳すかということも非常に重要になってくるのです。

比喩

　　比喩は我々が多角的に世界を見ることを可能にし、世界と柔軟に関わることを可能にする。比喩は、ある人々が考えてきたように、おおよそ装飾的で冗長で詩的な言葉のあやなどではなく、人間が意味を探求するための根本的な特徴である。　（イーガン1997/2013:59）

　イーガンは、比喩は言語活動の単なる結果というより、言語発達そのものに内包されている認知的能力であるとして、比喩の生成的側面を認識することの必要性を訴えています。その理由をアリストテレスのことばを引きながら、「普通の言葉はわれわれがすでに知っていることを伝達するだけ」だが、「比喩をしようすると、われわれはなにか新しいものを最もよくつかむことができる」からであり、教育において比喩の生成的側面を認識することが決定的に重要だとしています。比喩とは、ことばの意味を広げることであり、考えを洗練させることであり、一片の詩をつくることでもあります。そして、そのことによって新たな認識と表現を獲得することに繋がります（佐藤2011）。

　『とべバッタ』のエンディングの場面には「あれちをこえてとんでいった」という表現がでてきます。協働翻訳では、この「あれちをこえて」の訳を、絵本から伝わるひとつのメッセージとして比喩的に「偏見を越えて」と意訳す

るか否かが議論になりました。絵もことばも「あれち（荒れ地）」と表現されているものを、「偏見」と言ってしまってよいのかどうか。話し合いの結果としては、「あれちをこえて」という表現からそれぞれの読者がどう受け止めるかが重要であり、「直接的に（メッセージを）伝えると本を読む面白さや感動がなくなってしまう」可能性を憂慮する声があがり、意訳をするという案は採用されませんでした。この話し合いでこの絵本からどのようなメッセージを受け取るのか（読者はどのようなことを想像するのか）ということが、それぞれの学習者に意識化され、ことばを吟味するうえで有意義な話し合いだったと思います。

　さらに言えば、絵本は、ことばによる比喩表現を絵がさらに豊かにすることや、比喩的なことばを絵として視覚化することができます。また、太陽と月、四季、風と雨など、いろいろなものを「擬人化」して描くこともできます（ニコラエヴァ＆スコット 2011）。擬人化も一つの比喩的な表現手法と言えます。【実践編】第1章3.で取り上げる「おべんとう絵本」は、描いた丸を何かに見立てることで物語をつくっていくのですが、これは「見立て」によってある種の比喩的な表現を引き出そうという試みと見ることができます。

　このように絵本に含まれる比喩的な表現というものも、学習者の想像力を触発しながら、ことばの学びを促すものといえるでしょう。

表4　絵本の翻訳文をめぐる話し合いを活性化するツールとしての認知的道具の一例

認知的道具	絵本例	具体例
物語・ストーリー	ほぼ全ての絵本	・一冊でひとつの世界観を作り出し、全体の文脈があるため、語用論的なことばの理解を助ける
イメージ	『とべバッタ』『せんそうしない』	・「おおきな石」は「石(돌)」か「岩(바위)」か ・「けんか」は「싸움(けんか)」「다툼/다투기(争い/けんかする、言い争う)」か
比喩	『とべバッタ』	・「あれちをこえて」を比喩的に「偏見を越えて」と意訳するか否か
対概念	『とべバッタ』『せんそうしない』	・びくびく隠れ住む⇔堂々と自分の意志で飛んでいく ・「バッタはうきあがった」⇔「もうだめか」との対比効果。劇的に状況が変わる場面 ・大人/こども、敵/味方、死ぬ/殺される、ワイン/日本酒
韻・リズム・パターン	『せんそうしない』『ねないこだれだ』『のりまき』『ことばあそびうた』	・「ちょうちょと　ちょうちょは　せんそうしない」 ・「くろねこ　どらねこ　それともどろぼう」 ・七五調 ・脚韻、音数律

※具体例は本書で取り上げた絵本を中心に紹介する。

　　ここまで、絵本に備わる学習者の創造的想像力を触発する要素について、イーガンの認知的道具のうち「物語(ストーリー)」、「イメージ」、「比喩」、「対概念」、「韻・リズム・パターン」に注目して検討してきました。「認知的道具」という視点を持つことによって、絵本がいかに想像力を触発する要素をふんだんに含んでいるかということがお分かりいただけたのではないかと思います。

　　最後に、「認知的道具」には含まれていませんが、想像力を触発する要素として、絵本に特有の「めくる効果(ページネーション)」についても触れておきたいと思います。

めくる効果(ページネーション)

　　絵本作家・長谷川集平は、絵本は「ページをめくる効果(ページネーション)」によって構築されると言います(長谷川1995)。

紙芝居も絵本も複数の画面の展開による表現ですが、複数の画面が綴じられて本になった途端、絵本には少しばかり不自由な足枷ができます。好き勝手にあの絵からこの絵、いやこちらと見たり、また絵と絵を並べて見比べたりできなくなってしまう。律儀にページをめくっては、一枚ずつ見るしかなくなってしまう。そのかわり、その足枷が絵本表現の本当にたまらない魅力になってきます。「めくる効果」です。

（長谷川 1995: 6）

　このように絵本はページをめくる行為も重要な役割を果たします。今井良朗は、読み手のめくる行為が絵本の中の時間を支配しており、次画面への移行によって読み手のイメージが働きストーリーが動くのだ、と言います。

　次画面への移行、ストーリーの展開は、作者がどう意図しても、読み手の創造力やイメージの中で関係づけられ、連続的な空間のひろがりとしてとらえられなければ成り立たない。作者が描いた世界、イメージは、読み進められなければ意味を持たないのだ。つまりページがめくられない限り、ストーリーは止まったままで決して次に進まない。能動的な対話の形式を前提に絵本の表現は成り立っている。

（今井 2014: 85）

　つまり、絵本における「めくる効果」も、読み手のイメージを引き出すしかけなのです。絵本は、市販されている最も一般的な定型のもので32ページ15場面（15見開き）からなり、表現できる画面数が少ないです。その少ない画面では表現しきれない部分を、読み手（読み聞かせの場合、聞き手）が各自の想像力によって埋めていきます。読み手がイメージを膨らませることで、一画面内の動きやそれに

第5章　絵本の教材研究：認知的道具プラスα

伴う時間を表現したり、ページ相互を連続させたりしているのです（浅沼・若林2004）。ページをめくる読み手の想像力が、ページとページの間の余白を埋め、物語の時空間に広がりをもたらしているといえます。

　このように絵本には、読み手のイメージを触発するための様々な表現（しかけ）が用いられています。筆者は、こうした絵本の力を借りて、学習者一人ひとりの想像力を引き出し、日本語の学習や創作に繋げたいと考えています。

注　　　　［1］『せんそうしない』（講談社）を用いた翻訳スタディを実施した際に興味深かった事例を一つ挙げると、「ワイン／日本酒」の「日本酒」をどのように訳出するかについての話し合いがあります。話し合いのメンバーの中で確認されたことは、「ワイン／日本酒」の前に出てくる「ご飯／パン」の組み合わせも併せて考えると、「西洋／東洋」の対概念になっている、ということです。このように西洋と東洋という対概念を踏まえた上で、「ワイン／日本酒」を訳出しなければなりません。このような認識を共有しつつ、原文通り「日本酒」と訳出するか、あるいは「清酒」や「伝統酒」のように訳すか、はたまた「マッコリ」と訳すかが議論されます。最終的には、西洋と東洋という対概念を踏まえたうえで、原文の「日本酒」の意味も損なわず、韓国語の絵本に訳されても不自然ではない語として「清酒」が選ばれ、「와인과 청주（ワインと清酒）」と訳出されます。なお、韓国語版では「포도주와 청주（葡萄酒と清酒）」と訳出されています。

第2部
実践編

第1章
「見ること」と「見立て」

1 写真×詩歌：フォト五行歌

　筆者は、川柳・俳句・短歌・五行歌などの詩歌の創作に、よく写真を活用します。これは一般にも、「写真詩」や「フォト短歌」などと呼ばれ親しまれているものです。

　フォトアートセラピストの大橋牧子は、「この世に数ある表現の中でも、写真はとても身近で、そして簡単な自己表現のひとつ」といいます。「自分のことをうまく表現できない」という人は多いですが、ファインダー越しに見える景色やシャッターを押すことで切り取られる世界は、その人にしか見えない景色であり、捉えどころのないその人の「こころ」を映し出すといいます（大橋2009）。写真は、その人が「表現したいもの」を見つけるのを助けてくれるツールとなります。

　　写真は、自分のまわりに既にある［外側の世界］を切り取っていきます。（略）写真に映し出されている世界は、それが何であれ、その瞬間、実際に自分の外側に存在しているものです。そして、写真はそんな［外側の世界］と、それを撮る［自分自身］を結びつけてくれる、とても大事なツールといえるかもしれません。（略）また、写真は、撮る人と［外側の世界］と

115

のかかわりを見せてくれるだけではありません。写真
には、撮る人の［内側の世界］も現れてきます。（略）
実は、私たちは、外側の世界に自分自身の姿をも映し
出して見ているのです。　　　　　　（大橋 2009: 19-21）

　最近では、携帯電話に自分で撮った写真が保存されてい
るので、手軽に学習者自身が撮った写真を利用することが
できます。写真を使った詩作は、最近自分で撮ったお気に
入りの一枚を選んでもらい、それにことばを添えるという
簡単なものです。なかでも、「五行で書く」というシンプ
ルなルールで綴られる五行歌は、気軽に取り組みやすいの
で、詩の創作の入り口に適しています。
　ここでは写真を使って創作したフォト五行歌の実践例を
紹介します。作品は、オンラインで実施された韓国放送通
信大学日本語学科の日本語キャンプ（冬季集中クラス）の上
級クラスの作文授業で創作したものです。受講者は社会人
です。

【写真×詩歌】フォト五行歌	
五行歌は草壁焔太氏によって創案されたものです（草壁2001）。全国各地に五行歌を愉しむ支部があり、月刊誌『五行歌』が発行されています[1]。フォト川柳や俳句、フォト短歌なども良いですが、より気軽に取り組めるのが五行歌です。	
レベル	初級〜
人数	何人でも（個人）
目安時間	15 〜 30分
用意するもの	携帯電話のなかの写真
進め方	① お気に入りの写真を一枚を選ぶ。（できるだけ自分が撮った写真が望ましい。） ② 写真を見て分かること、思い出すこと、気持ち等とにかく全て書き出す。単語でも文章でもOK。 ③ 写真に合わせて（思い出、気持ちなど）、②のメモを元に五行歌を書く（縦書き、5行で、改行の位置などを工夫する）。 ④ 写真と五行歌を1つの作品にする。 ⑤ 五行歌をクラスで鑑賞する。（作者が自分の作品の紹介をする。写真の説明、五行歌に詠ったことの説明、作品が完成しての感想などを語る。）
ヒント	・できるだけ自分が撮った写真を選ぶことをおすすめします。しかし、表現したいことに合う写真がない場合は、合う素材を探して良いと伝えています。 ・フォト川柳やフォト短歌もできます。川柳や短歌などの場合は、同様に写真を選ぶか、お題を与えてそれに合わせた写真を選びます。お題に関連することばを、あるいは写真に関係することばを（まずは字数を気にせずに）できるだけたくさん出し、教室のメンバーと共有してから詩作を始めると、初級の学習者も取り組みやすいです。あるいは、ことばを集めたあとで、お題に合った写真を探し、改めて自分の写真に合うことばを加えて、字数を考えながらことばを選んでもよいです。
参考文献	草壁焔太（2008）『すぐ書ける五行歌』市井社 草壁焔太（2013）『五行歌：だれの心にも名作がある』市井社

・大好きなビールで自分を励ます作品

　図5は、1年前にワーキングホリデーで1年間日本に滞

図5 大好きなビールで自分を励ます作品

在していたという青年Wさんの作品です（なお、○○○の部分には作者名が入ります）。現在は、韓国の会社に勤務しながら韓国放送通信大学の日本語学科に在籍し、忙しい日々を送っています。「仕事終わりのビール一杯が最高に幸せ」と語る彼の作品は、日本で飲んだ美味しい生ビールの写真を用いて、日々の仕事を頑張る自分を励ますものとなりました。

　　写真は私が日本に住んだ時によく行ったお寿司屋さんの生ビールです。私、キリンビールが大好きで毎日でも飲みたいですね・笑。先生が作ってくれたおかげで、いい思い出が浮かびました。気分出したいときに見ます。ありがとうございます！（作品完成時のWさんのコメントより　原文ママ）

　創作当初、「ビールでもいいですか？」と遠慮がちに聞いてきたWさんですが、自分が好きなものということだけあって、できあがった作品は生き生きとしていて、聞き手に心地よい印象を残すものとなりました。

118

ビールと詩はあまり合わないのになぜメインタイトル
をビールにしたかと後悔でした。でも今まで色んな作
文をしましたが、大好きなビールの詩を書いて、それ
と先生がその詩でいい作品作ってくださってすごく良
い思い出になりました。（Ｗさん感想文より　原文ママ）

　聞き手がみな社会人ということもあり、また、平日の夜
間に行われた授業であったため仕事終わりに受講している
学生も多く、Ｗさんの作品には多くの共感が集まりまし
た。また、写真についての説明からワーキングホリデーに
行ったときのエピソードが語られ、「早くまた日本に行き
たい」ということばは、コロナ禍で以前のように自由に日
本と韓国を行き来できなくなったもどかしい受講生たちの
気持ちを代弁しているかのように感じられました。個人的
な思い出や好みを形にした作品ですが、それが不思議と聞
き手である受講生の多くの共感を呼ぶ印象的な作品となっ
ています。

・懐かしい思い出の写真を使った作品
　図6は、思い出の一枚を使った作品です。作者のＹさん

二十歳でも
五十路でも
何でもかんでも
楽しく話せる
いい友達

図6　思い出の一枚を使った作品

は創作の背景について、創作当初、長い間連絡が取れなかった友人とSNSを通じて連絡が取れるようになったことから、思い出の写真を使って作品にしたいと思った、と語ってくれました。

> 作文の時間はいつもプレッシャーになります。今回は初日も二日目も詩が入っていたのですごく不安でした。韓国語でも会社のメール以外は何か書くという機会があまりないので、「日本語で、しかも詩を書くなんて…」って思いましたが、案外自分なりにはすらすら書けたのでほっとしています。(Yさん感想文より　原文ママ)

　Yさんの感想に「案外すんなり書けた」とありますが、思い出の写真がことばにしたい思いを引き出すのに一役買っているといえるでしょう。そして、完成した自身の作品についても、「素敵な写真に生まれ変わりました」と喜んでくれました。

・静かに自分を見つめた作品
　図7は、作者のSさんが直近に撮った一枚を使って詩作したものです。詩の内容は心静かにじっと自分の内面と向き合ったものになっています。この写真を撮った理由と詩の内容について、作者のSさんは詩作当時を振り返って、次のように話してくれました。

> その時は冬で、ろうそくのあたたかくて、明るさを伝えてくれる感じがいいので時々つけました。ある日、(ろうそくを)じっと見ているととてもきれいでした。私も他人と比べることとかしないで自分の世界で一番だと慰めるようになりました。(Sさん感想文より　原文ママ　括弧内引用者)

自分の中に
もう一人の自分がいます。
このろうそくみたいに
この世界で
私が主人公です。

● ● ●

図7　静かに自分を見つめた作品

　大橋牧子は、写真は「「撮りたい！」と思った『瞬間を形にしていく』」（大橋2009:52）ところに、そのすごさがあると言います。Ｓさんの作品のように、何気なく撮った一枚の写真であっても、その写真に向き合い作品化することが、改めて自分自身を見つめる時間となります。そして、その瞬間に感じたことをことばに表し、形にすることによって、日常の中に、自らが表現したいものがたくさん転がっているという気づきが与えられるのです。このように「表現したい！」という瞬間を増やしていくことによって、学習者の内に秘められている「表現したいもの」を引き出し、学習者自身が自らの「表現したいもの」に自覚的になっていくことができるのではないかと思われます。日本語学習としての創作の過程は、自らの内にある「表現したいもの」を発見し、その「表現したいもの」を耕していくプロセスでもあります。

・旅先で撮った一枚を使った作品

　図8は、旅先で、食堂前にある水槽に入ったズワイガニの写真を使ったもので、作者のＫさんは作品を紹介する際に、旅のエピソードとともに、この写真を撮影したあとに

図8　旅先で撮った一枚を使った作品

は新鮮なズワイガニに舌鼓を打ったことも明かしてくれました。

> 詩の創作は写真を選んでそれに連想される言葉とかイメージを考えて日本語で表す練習ができたと思います。深く考えて当てはまる言葉を選ぶことがたのしかったです。（実はそんなに深く考えてなかったんですが、^^;）難しくないので気軽く出来るし、何度も練習すれば日本語の勉強になると思います。（Kさん感想文より　原文ママ）

　Kさんの言うように、気軽に創作できるということであれば、創作を通じて楽しみながら何度も日本語を使ってみることで日本語に親しむ機会を提供することができるでしょう。

・タイムリーな作品
　最後に紹介するのは、コロナ禍にタイムリーな作品です（図9参照）。2021年の年明け早々に行われた授業で創作されたということもあり、新しい年への期待を込めて詠われ

図9　自分が写ったお気に入りの写真を使ったタイムリーな作品

た作品となっています。

　ここで用いられている写真は、気分転換に散歩に出かけた際に家族に撮ってもらったという一枚で、写真には作者のMさんの後ろ姿が、その眼下には高台から見える釜山の町と海が広がっています。コロナのため外出自粛が呼びかけられている日々の中で、束の間の外出で得られた解放感と外の空気の爽快感、そして、その時に見た美しい景色からインスピレーションを得て創作されたものです。Mさんの発表を聞きながら、聞いているこちらも清々しい気持ちになりました。このようにさまざまな感情を共有できるのも、詩の創作の魅力です。写真は「目に見えないこころを形にすることで、それを客観的に受け取ることもできるし、人とそれを「共有」することもできる」（大橋2009:57）。「自分だけの世界にとどまらず、人との共有がはじまると、そこにはまた新たなエネルギーが生まれ」（同: 57）、それこそが「自分の世界を活気づけてくれる」（同 :57）のです。

2 | カタルタ×絵本① （ひとりで創作）

　次に【カタルタ×絵本】の創作活動の例を紹介します。この実践におけるしかけは、「カタルタ」と「絵本」です。学習者間に日本語以外の共通語がある海外の日本語教育の現場では、日本語でなにかをする（つくる）ことが必然であるという場（環境）を作り出すことが難しいですが、そこで役立ったのが「カタルタ」でした。カタルタに書かれた日本語の「ことば」は、日本語によるストーリーテリングを引き出す呼び水となります。カタルタは教師にとって「日本語での創作の場づくり」を助けてくれる頼もしいツールです。

　カタルタ®PLAYING STORY CARDS[2]（以下、カタルタ）というのは、発想力を高め、コミュニケーションを豊かに展開するのを手助けするためのカードゲームです。アイデア出しの"生みの苦しみ"を"楽しみ"に変えるための発想支援ツールとして開発されたもので、発見を促し、視点を育てるスキルを育成しようとするものです。（日本語教育のために作られたものではありません。）トランプを模した54枚のカードには、それぞれに「そして」「逆に」「じつは」などの話をつなげる接続詞や副詞が1つずつ書かれていて（図10参照）、なにかを話すときにこれを1枚ずつめくりながら次々と話をつないでいくと普段自分では思いつかないような展開になるというわけです。

　【カタルタ×絵本】では、アイスブレイクに「スタンダード版」を、物語づくりに「ストーリーテリング版」を用いました。物語づくりに特化した「ストーリーテリング版」には、8〜10歳向けの絵本や昔話、児童文学から抜き出した「そのころ」「ふしぎなことに」「いつのまにか」といったことばが記されています。

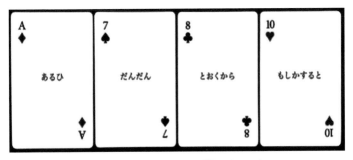

A ♦	7 ♠	8 ♣	10 ♥
あるひ	だんだん	とおくから	もしかすると
♦ A	♠ 7	♣ 8	♠ 10

図10　ストーリーテリング版のイメージ

　とはいえ、カタルタを使うにしても、物語をつくるには
なにか取っ掛かりが必要です。そこで、筆者は「絵本」を
活用しています。これまでに用いた絵本には、『りんごが
ドスーン』（多田ヒロシ・作、文研出版、1975）、『バスにのっ
て』（荒井良二・作、偕成社、1992）、『あかいふうせん』（イエ
ラ・マリ・作、ほるぷ出版、1976）、『もりのおふろ』（西村敏
雄、福音館書店、2008）、『でんしゃにのって』（とよたかずひ
こ、アリス館、1997）『ふゆ』（こうのあおい・作、アノニマ・ス
タジオ、2012）があります。これらの絵本を利用して、話
の続きを考えるのですが、絵本全てを読むにしても、途中

図11　『バスにのって』荒井良二
（1992）偕成社

まで読んでその続きを考える
にしても、いろいろな展開が
考えられそうな物語を選ぶこ
とが【カタルタ×絵本】で用
いる絵本を選書する際のポイ
ントです。

　たとえば、荒井良二の『バ
スにのって』（偕成社、1992）
を使う場合、まず、クラス全
体で冒頭から見開き2ページ
目の「バスにのって　とおく

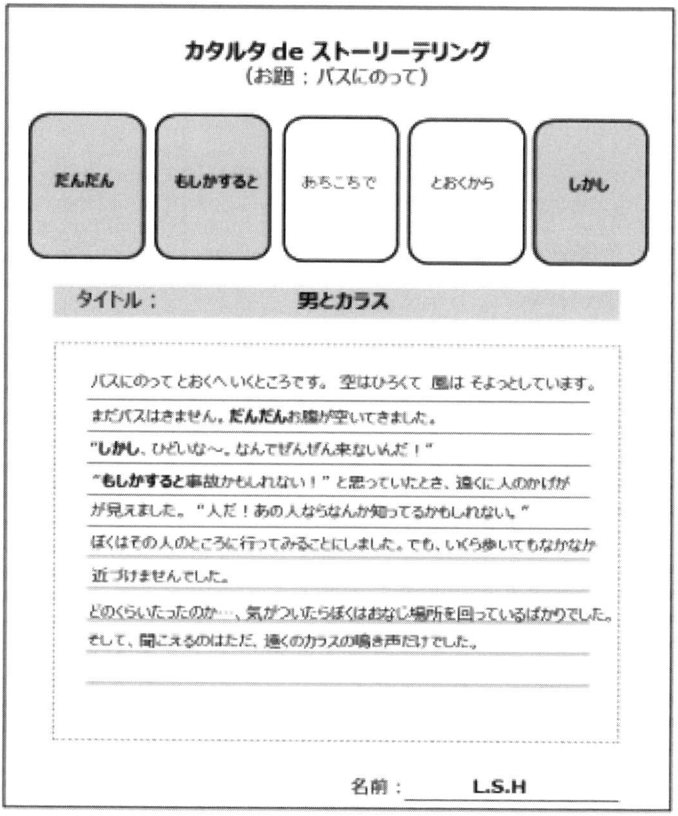
カタルタ de ストーリーテリング
（お題：バスにのって）

だんだん　もしかすると　あちこちで　とおくから　しかし

タイトル：　男とカラス

バスにのって とおくへ いくところです。 空はひろくて 風は そよっとしています。
まだバスはきません。**だんだん**お腹が空いてきました。
"**しかし**、ひどいな～。なんでぜんぜん来ないんだ！"
"**もしかすると**事故かもしれない！"と思っていたとき、遠くに人のかげが
が見えました。"人だ！あの人ならなんか知ってるかもしれない。"
ぼくはその人のところに行ってみることにしました。でも、いくら歩いてもなかなか
近づけませんでした。
どのくらいたったのか…、気がついたらぼくはおなじ場所を回っているばかりでした。
そして、聞こえるのはただ、遠くのカラスの鳴き声だけでした。

名前：　L.S.H

図12　作品例（2019年1学期ゼミにて）

へ　いくところです」、「空は　ひろくて　風は　そよっとしています。まだ　バスは　きません」までを読み聞かせします。個人で作品をつくる場合は、各自、5枚ずつカードを引き、そのカードのうち2枚以上使って物語の続きを考えます。どうしても使えないカードがある場合は、取り換えても良いことにしています。なかには5枚すべてのカードを使って書く意欲的な学生もいます。最後に、新しくできた物語に相応しいタイトルをつけ、完成した物語を鑑賞し合います。早い学生は10分程度でショートストーリーができます。創作時間には個人差があるので、宿題にし

て次回クラスで鑑賞することもありますが、グループワークでする場合はたいてい15〜30分もあれば完成します。

　図12は、日本語を専攻する大学2年生の男子学生の作品で、カードは5枚引いた中から3枚を使って物語を完成させています。もとの『バスにのって』が持つ陽気なイメージとは一変して、不思議で少し不気味な雰囲気が漂う作品になっています。このように完成した作品は、短くても、もとの絵本のストーリーとは別の独立したオリジナルの物語となります。

　『バスにのって』を使って興味深かったのは、ファンタジーのようなストーリーと、普段の日記のようなストーリーの大きく二通りの作品ができたことです。学習者の書きやすいスタイルで書ける、という点が良かったように思います。すべての作品を鑑賞した後で、改めて『バスにのって』を最初から最後まで読み聞かせし、オリジナルの物語との違いを楽しみます。

　この実践は、実践当時の勤務先である韓国の地方私立大学の日本語創作ゼミ [3] や、韓国の放送通信大学で行われている夏季の日本語キャンプ（釜山地域での夏季集中クラス）において行いました。後者は社会人が中心の中上級の作文クラスでした。いずれも日本語が全くできない学習者はいないものの、日本語レベルにはかなりばらつきがあります。しかし、日本語のレベル差や年齢に幅があっても、カタルタを使うことで日本語学習の一環として創作を楽しむことができます。グループで話し合いながら物語を作っていく様子については、【実践編】2章3で詳しく紹介します。

3 「見立て」による絵本づくり

【絵×見立て】長谷川集平の「見立て」による絵本づくり	
これまで長谷川集平『絵本づくりトレーニング』（筑摩書房）から「おべんとう絵本」「かがみよかがみ絵本」「線と点の絵本」「お天気絵本」の4種を学生たちと楽しんできました。これらは単純な丸や線、点などをなにかに見立てて物語を立ち上げていくため、絵の上手下手に左右されず、絵に自信のない学生であっても取り組みやすいものです。ここでは「おべんとう絵本」を例に取り上げます。ここでは大まかな流れを紹介しますので、詳しい手順はぜひ『絵本づくりトレーニング』をご覧ください。	
レベル	初級後半〜
人数	何人でも（個人）
目安時間	60〜90分（おべんとう絵本の場合）
用意するもの	B6白無地カード15枚（筆者はA4用紙を半分に切ったA5サイズで実施した）、マジックインキ（太がき、細がき）、のり、えんぴつ、けしゴム
進め方	① 長谷川集平の『絵本づくりトレーニング』の手順に従って、B6のカードで15見開きの本をつくる。B6のカードを絵を内側にして二つ折りにし、外側を貼り合わせて本の形にする。（ここでは詳細を省いたが、丸を描く過程や15見開きの組み合わせを作る過程に、この絵本づくりの魅力がある。） ② 何度もめくってお話を考える。（丸を見立てて、物語を考える） ③ 教師と一緒にお話と日本語の表現をチェックする。 ④ 横書きで文字を入れる。 ⑤ 表紙にタイトルと名前を書く。 ⑥ 完成した絵本を、お互いに読み聞かせする。
ヒント	・「おべんとう絵本」をつくる際に、円を書くために、ペットボトルの蓋やコンパスなどがあると描きやすいです。 ・ネイティブチェックをする際は、かならず絵との関係をしっかり確認しなながらチェックします。文字を画面のどこに配置するのかなど文字のデザイン（＝タイポグラフィ）にも気を配るようにします。
参考文献	長谷川集平（1988）『絵本づくりトレーニング』（筑摩書房）

筆者が日本語学習のための創作活動に取り上げた4種の絵本づくりは、いずれも物語を引き出す際に、「見立て」が重要な役割を担っています。ここでは、長谷川集平の絵本づくりにみる「見立て」と「物語づくり」との関係について、見てみましょう。

　第2部【理論編】で見た通り、「見立て」は、ある物事を仮に別のものと見なす視覚的な行為ですが、重要なのは「見立て」が、目の前の事物を別のものとして見なすという視覚的な"発見"であり（若山2013）、なおかつ別のものになぞらえて"表現する"という行為だ、ということです。この創造的な「発見に基づく表現」である「見立て」という行為が、この絵本づくりにおける、物語のアイデア出しを助けます。

　「おべんとう絵本」づくりを例に取ると、「丸を何に見立てるか」からストーリーを立ち上げ、15見開きの制約の中で物語を完成させます（図13・14参照）。まず、学習者はそれぞれ思い思いに自分の14枚の白い紙に任意の大きさ・数の黒い丸を任意の位置に描いていきます。こうしてできた黒い丸が描かれた14枚の文字のないカードが絵本の土台となり、配置や大きさの違う黒い丸を、どのように見立て、意味づけていくかによって物語の内容が決まります。この見立てをもとにことばをつけ、物語をつくっていくわけですが、この文字なし絵本（14見開きからなる丸が描かれたカードに白無地カード1枚を加えた15見開き）が、学習者の創造的想像力を引き出すトリガーとなります。

　絵本をつくるというと、創作への苦手意識を持つ学習者にとっては、「絵を描かなければいけない」「物語を考えなければいけない」と頭を抱えてしまうところですが、丸や線で気軽に描くことができ、その絵を「見立てる」ことが、自然に物語のイメージを引き出してくれます。

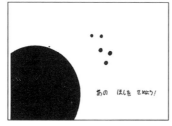

図13 宇宙・惑星　　　　　　　　図14 葡萄

　簡単な丸でストーリーテリングを作ったのがすごく楽しかったです。（学生H・3年）

　これは、「おべんとう絵本」を作った学生の感想ですが、この簡単な丸から実にさまざまなイメージやストーリーが生まれるということがこの活動の面白いところであり、創作のための重要な「しかけ」です。同じ条件で丸を描いても多様なデザインができあがってきます。

　たとえば、図13は宇宙や惑星のイメージ、図14は葡萄といったようにイメージされるものは異なります。当然、そこから展開される物語も変わってきます。さらに、その立ち上がったイメージ（見立て）を、連なりを持った物語の形に展開させていく際に、絵本のページネーション（ページをめくる効果）というのが重要な働きをしています（【理論編】第5章参照）。

　図15は、学部4年生の学生Lが創作した「おべんとう絵本」の冒頭のページと最後のページです。学生Lは、1枚目のページの右上の丸を「猫の足跡」に見立て、ここから、猫を探し歩く物語を構想しました。そして、最後のページはベンガル猫の柄（毛の模様）に見立て「ベンガルネコだ！」と、無事、猫を発見して終わるというハッピーエンディングになっています。

　この「おべんとう絵本」では、何枚かのシートをクラス

図15　学生Lの物語の源泉になった場面

メートとトランプのババ抜きのように交換し合うという作業が入るのですが、この学生Lの作品の場合、物語の源泉となった「猫の足跡」に見えるシートは、他のメンバーが描いたものでした。

> 描きながらどんな話しをつくるか悩みましたが、友達と絵をチェンジしてメンタルブレイク（＝パニック）でした。（略）友達と交換してトランプカードのように活動しておもしろかったです。（学生U・2年　括弧内筆者）

　学生Uが感想として述べているように、丸を描く際には、たいてい何かしらイメージをしながら描いていたりするのですが、他の人が描いたカードが入ることで、まったく予想もしていなかったイメージが加わります。その結果、それが物語に活力を与え、思いもよらないストーリーが生まれ、面白くしてくれる、ということがしばしばあります。
　「かがみよかがみ絵本」では、図16に見るように、「あつい／つめたい」といった5つの対となることばと「自然／社会」「わたし／一番好きな人」という4つのことばから連想する白い丸をカードに描きます。そして、その丸の中に黒点と直線で、目と口を描き加えて、顔にします。この顔になったシート14枚に無地のシート1枚を加え15枚のシートを使って物語を作っていきます。

「線と点の絵本」では、点と３種類の線（直線、曲線、自由な線）で構成された12枚の絵から物語を考えます。そして、「お天気絵本」では画面の半分が無地、黒、水玉、斜線の４種類の絵を３セットずつ描き、計12枚を用いて物語を作ります（図17参照）。

　このように長谷川メソッドの絵本づくりは、点や線や丸を何かに「見立てる」ことによって、物語を立ち上げていきます（長谷川1988）。

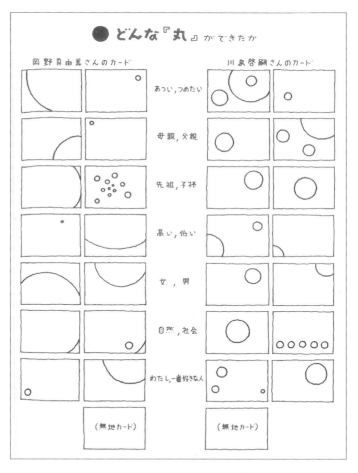

図16　かがみよかがみ絵本で対のことばからどんな「丸」が連想されるか
（長谷川1988:49より転載）

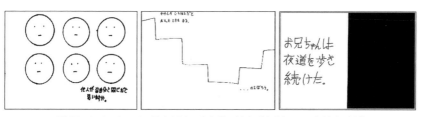

図17　かがみよかがみ絵本（左）、点と線の絵本（中央）、お天気絵本（右）

　　まず自分だけの絵本を作ったし、みんなと内容の話をし
　　ながらするのが楽しかった。時間がもっとあったらより面
　　白い内容や絵を描くことができると思う。また、初めに
　　スタートするとしたらなにからするか難しかったと思う
　　が、まる（丸）からはじめるとか、まる（丸）であつい、つ
　　めたいなどを表現した（て）から内容を作ってよかった。

　　　　　　　　　　（学生L・4年　原文ママ　括弧内筆者）

　　なんの内容の絵本をつくるか、悩んだり絵をかわ（い）
　　く描けなくちゃとの考えをしました。絵本を初めて作
　　って悩みましたが、先生がベースを教えてくださっ
　　て、楽しく作ることができました。

　　　　　　　　　　（学生E・4年　原文ママ　括弧内筆者）

絵本づくりにおける「教師―学習者」の話し合い

　学生は見立てから構想された物語を言語化し、思い描い
たストーリーをことばに移していきます。言語化にあたっ
ては直接、目標言語である日本語で書き出しても良いです
し、母語で書いたものを翻訳しても良いです。そして、こ
の言語化が成功しているか、日本語の読み手である教師と
共に検討していきます。学生と教師は共に絵を見ながら
（＝共同注視）、物語の全体像（文脈）を共有しつつ、各場面
のことばに検討を加えていきます。学生は、どうしてその
ことばを選択したのか、どのような印象を与えたいのか、

どのような効果を狙っているのかなど、言語化するにあたって当該のことばを選択した意図や根拠を説明します。物語にことばを与えるという意味だけでなく、それについての説明も言語化によることばの生成過程とみることができます。このとき学生は自身が持つ既有の言語知識を最大限に発揮することになります。

　ここで「おべんとう絵本」をつくる過程で、教師と学生S（日本語専攻2年生・女子）の間でどのようなやりとりが行われているのかを見てみたいと思います（図18参照）。絵本の創作においてどのようなことばの学びが生じているのかを窺い知ることができるでしょう。ここでは、15ページの「おべんとう絵本」につける「ことば」とイメージとのすりあわせを行っています。作品全体についてのやりとりは12分ほどですが、その一部（冒頭部分）を紹介します。補足が必要だと思われる情報は〔　〕で示しました。なお【　】内は、学生Sが絵本に添えたことば（セリフ）です。教師が確認したセリフに当たることばや提案したことばは"　"で示しました。

〈「おべんとう絵本」づくりにおけることば選び〉
場面1〜場面3をめぐって
001学生：　【おはよう】
002教師：　うんうん。

場面1　　　　　　　場面2　　　　　　　場面3

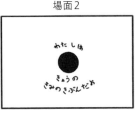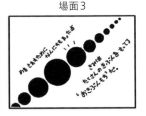

図18　学生Sが作成した「おべんとう絵本」の一場面

003学生： 【わたしは、きょうのきみのきぶん】その、それの、つぎに？【だよ】とか入れたいんだけど。んー、私がわからなくて。

004教師： うんうん。……うん、もし入れるなら"だよ"でいいよ。

005学生： "だよ"？

006教師： うん。入れなくてもいいし。入れてもいい。

007学生： う～ん、なんか、もっとかわいいほうが…したいです。

008教師： うん。だったら"だよ"だな、うん。

009学生： そして、【めをさますために　すうじつも　まったのか】これ、なんか日本語で、大丈夫ですか？

010教師： んー、これ、どういう意味？

011学生： んー

012教師： どんなシチュエーション？

013学生： なんか気分が毎日、新しい気分が目を覚ます、と言いたいけど。今日の気分は、本当に長い時間待ちました。その話です。哭（何）、数日…待つ？

014教師： 数日...。"数日"よりも、すごく待ったっていう感じを言いたかったら"何日も"。

015学生： 【なんにちも】〔書き直す〕

016教師： 【なんにちも】で、"待ったんだ"とか？　"待ったよ"とか。

017学生： ふーん。〔メモする〕

018教師： "何日も待ったよ"、"待ったんだ"。"待ったんだ"だったら、自分で言って、話している感じ？　"待ったんだよ"だったら、話しかけてる。

019学生： ああ、じゃあ、【まったんだよ】

───── （略）─────

場面3のことば遊び（造語）をめぐって

023学生： きみ、【きみは、おきぶんもち〔お気分持ち〕だ】

024教師： んん？

025学生： お金持ちを……しました。

026教師： おお～、ああ、ここ難しいねぇ。"お金持ち"の感じが伝わるように……。

027学生： はい。

028教師： ああ、じゃあ、これちょっとあとで一緒に考えよう。

029学生： はいっ。

───── （略）─────

093教師： あと……。

094学生： "おかねもち"です。

095教師： おかねもち、ね。【きみは、おきぶんもちだ】

096学生： じゃあ、〔絵本に文字を〕書くとき、"お金持ち"を×して、"お気分持ち"にしても大丈夫じゃないですか。

097教師： うんうん、〔視覚的に〕分かるようにね？

098学生： はい。

099教師： う〜ん…"お気分持ち"…それがいちばんいいかなぁ。韓国語では？　ことば遊びできてる？

100学生： 韓国語では、金持ちの"부자（富者）"に気分をつけて"기분부자（気分富者）"、こういう風に。

101教師： ああ、そういうことばがあるね。〔ことば遊び〕できるのね。

102学生： はい。

103教師： んー、なにかほかにもないかな…。なんか、音が"気持ち"にも似ているし。

104学生： ああ…

105教師： なんか、ぴったり「お金持ち」のことば遊びっていうのが、すぐに分かんないかもしれない気もするし。これ〔韓国語のことば기분부자〕を聞いて、言いたいことはよくわかったんだけど。ほかになにかあるかなぁ。"お気分持ちだ"…うーん。たとえばなんか、ここに一言"たくさん持ってる"っていうのが分かる単語をいれたほうが……。いい？

106学生： ああ、はい、したかったです。

107教師： なので、本当はシンプルな〔表現の〕ほうがいいんだろうけど、これだけだったら日本の人にちょっと分かりにくいから、"きみはたくさんのきぶんをもっているお気分持ちだ"とか。

108学生： ああー！　説明を。

109教師： うん、ちょっと説明を入れたら、あ、ことば遊びだなって分かるかもしれない。それもいいかもしれない。

110学生： いいですね！

──────（略）──────

113教師： では、デザインしながら〔考えてください〕。

　作品が完成したあと学生に、「どの場面から物語を立ち上げていったのか」を聞いたところ、「場面1の左下に描かれた丸が、まるでひょこっと顔を出して『おはよう』と挨拶しているようで、そこから物語を立ち上げていった」と語ってくれました（図18参照）。

場面2の【わたしは　きょうのきみのきぶんだよ】について、学生Sが「だよ」を入れるかどうかについて教師と話し合っています。学生Sは、主人公の語りを「かわいいほうがしたい（「かわいい感じにしたい」の意）」(007)と発言しています。ここからことばで言い表しにくい作品の完成イメージの一端を言語化して、教師に伝えている様子が窺えます。絵本のことばを考えるというだけでなく、このようにことば選びをめぐる話し合いにおいても「言語化」が図られています。

　場面3では当初添えられていた【めをさますため　すうじつも　まったのか】ということばについて、「これ、なんか日本語で大丈夫ですか？」(009)と学生の方から教師に意見を求めています。これに対し、教師は学生が表現したい状況を詳しく説明するように促します（010、012）。学生は、「本当に長い時間待ちました」ということを言いたいが、その状況を表すのに「数日」という表現でいいか意見を求めます（013）。教師は、学生が表現したいことを共有した上で、その状況を表す表現としては「数日」よりも「何日も」という表現の方がよいのではないかと述べています（014）。このように、学生と教師は共に絵を見て、作品全体のイメージや当該場面で表したい具体的な状況を日本語で説明し、イメージや状況を共有しながら場面に合ったことばを選んでいきます。

　そして最後に注目したいのは、【きみは、おきぶんもちだ】をめぐる話し合いです。ここでは、学生による造語、ことば遊びの試みが見られます。富者（부자）は、韓国語で「金持ち」の意味として日常的に用いられることばです。富（財）をたくさん持っている者という意味ですが、最近は、趣味をたくさん持っている人を「趣味富者（취미부자）」と言ったり、思い出をたくさん持っている人のことを「思い出富者（추억부자）」、たくさんの人脈がある人を

「人脈富者（인맥부자）」と言ったりもします。日本語にも「富者」ということばはありますが、日常的にはあまり使いませんし、ましてや「趣味富者」のような言い方はしないので、韓国語的なことばのメガネをかけてみるとこのようなアイデアが生まれるのかととても興味深かったです。この韓国語的な「富者（부자）」を日本語で表現しようとしたのが、「お金持ち」をもじった「お気分持ち」という表現です。しかし、日本語話者である教師が初めに「お気分持ち」を聞いたときの印象は、「気持ち」にも似ているし、表現したいことがいまいち伝わってこないというものでした。教師もしばらく考えたものの、学生が表現したいことば遊びの要素と意味を表現するものとして、ほかに良いアイデアが浮かばず、「気持ちをたくさんもっている」と説明を入れてはどうかと提案しています。正直、教師（筆者）の助言が成功しているのかどうか心もとないところではありますが、学生の「たくさんのきぶんをもってるおきぶん持ち」という発想そのものは大変面白いアイデアであり、ぜひ生かしたいと考えました。これは、気分のいい時と悪い時の差が激しくて迷惑だといったニュアンスの日本語の「気分屋」とは全く違います。学生Sの絵本の中で語られる「おきぶんもち」からは、影があるからこそ光があるように、怒りや悲しみがあるからこそ喜びや楽しみがあるのだ、というメッセージが伝わってきます。不思議と、喜怒哀楽があって良いんだ、いろんな気分を感じられることは幸せなことなんだと思えてきます。このように、ことばで遊ぶということは、ただ単にことばをバラしてみたり、組み立ててみたりしているように見えて、じつは、物事の見方・捉え方そのものを再考することにつながったりもするのです。

　この事例から、筆者は、ジェネレーターとしての教師というのは、教師自身が学びに開かれていなければならない

のだということを痛感させられました。創作における教師の役割は、教える人でも、ファシリテーターでもなく、共に作品をつくるジェネレーターなのだということの意味は、ここにあるのではないかと思われます。

つくることによる学びでは、教師も積極的に創作に関わるジェネレーター（生成する人）です。学生が描こうとしている物語世界を共有しつつ、それを表現するためのことばの選択にあたっては、積極的にアイデアを出していきます。学生は、こうしたやりとりの中から、自らの作品を表現するものとして最も相応しいと思われることばを選択し、作品として完成させていきます。物語の全体像を見据えつつ、一つ一つの場面に相応しいことばを選びながら、一つのまとまりのある物語を完成させます。このように自身のイメージ（空想世界）とその言語化の過程を行きつ戻りつしながら、構想した物語のイメージを言語化し、作品化していくのです。

こうして完成した一冊の絵本は、この絵本づくりの場を共有する仲間たちによって鑑賞されます。新しい物語を構成することばを味わいながら、学習者の言語知識が再構成されます。完成した絵本は、作品であり、自身の学びのポートフォリオにもなります。

注

[1] 月刊誌『五行歌』2020年4月号には、五行歌授業レポートと題して、2019年度の日本語創作ゼミで受講生が創作した五行歌が掲載されました。
[2] 参考 URL: https://www.kataruta.com（カタルタ公式サイト）
[3] 正式名称「課題ゼミナール」（通称：日本語創作ゼミ）は、週1回（60分×2コマ）×15週で、日本語学科専攻科目（選択）となっていました。

第2章

想像を共有する「共同注視」

1 │ 絵×鑑賞（ビューイング）

1.1 「絵の鑑賞」の手法を使った対話型日本語授業

【絵×ビューイング】1枚の絵からの物語づくり	
対話による「絵の鑑賞」の手法を取り入れた日本語授業についての実践研究です。	
レベル	初級後半～
人数	何人でも（クラス全体でアイデア出し後、各自、物語づくり）
目安時間	20 ～ 40分
用意するもの	絵
進め方	**Step1: 絵の分析（シートに記入）** まずは学生たちに一枚ずつ絵を持たせ、しばらくの間、絵をじっくり見るように促します。そして、学生が十分に観察するのを助けるための問いかけを行います。学生は、各自、シートに気づいたことを日本語で書き出します。 **Step2: クラス全体で話し合う（分析内容の共有）** 黒板に張り出された大きな絵を見ながら、観察によって気づいたことについて意見交換をします。教師は、学生たちの発言に注意深く耳を傾け、発言を訂正したり、学生たちの注意を一定の方向に誘導したりすることをしないように気をつけます。各意見の共通点や相違点を示しつつ、ディスカッションの間はファシリテーターに徹するよう心掛けます。クラスメートとのディスカッションの中で、新たに気づいたことや新しい情報があれば、違う色のペンでシートに書き加えるように指示します（図20参照）。そうすることで協働による読みの多層性が可視化・意識化され、各自の複眼的な思考が深まると考えるからです。

進め方	**Step3: 各自、（シートに）物語としてまとめる**
	対話による絵の鑑賞をもとに、作文やストーリーとして一つの文章にまとめます。物語を作ることに主眼があればグループのメンバーと協力して1つ書き、作文授業のように「書く」ことに主眼があればグループで構想した物語を、1人1人自分のことばで書くことにするというように、まとめる作業は授業の目的に応じてどのようにするか決めると良いでしょう。

	※クラス全体で話し合う際は、ホワイトボードに大きく映し出された（張り出された）絵をみんなで見ながら（＝共同注視）進めることが望ましいです。
ヒント	・基本となる問いかけのことばは、ヤノウィン（2013/2015）や三森（2002）を参考にしています。 ・絵の鑑賞（ビューイング）に用いる「絵」は、シンプルで、さまざまな情報が読み取れるものがいいでしょう。
参考文献	・三森ゆりか（2002）『絵本で育てる情報分析力』で紹介されている絵 ・ヤノウィン，フィリップ（2013/2015）『学力を伸ばす美術鑑賞』淡交社 ・上野行一（2014）『風神雷神はなぜ笑っているのか』光村図書出版

　　ここからは、対話による「絵の鑑賞[1]」の手法を取り入れた日本語授業について見てみたいと思います。ここで取り上げるのは、韓国の大学で開講された日本語学科の専攻科目「現場日本語作文」と「実践日本語会話」の2科目で行ったものです。前者の「現場日本語作文」は3カ月の日本研修を控えた学生たちが受講しており、両クラスとも日本語を"実践的"に学ぶことが期待されています。いずれも学部3年生を対象とした科目で中上級レベルの学生を想定していますが、両クラスとも入門・初級レベルの学生こそいないものの受講生の日本語レベルはさまざまです。とくに後者の「実践日本語会話」には、日本でのワーキングホリデーや交換留学を終えて戻ってきた学生など日本語の使用に慣れた学生がいる一方で、日本語が主専攻でない学生や編入生、休学などで長期間日本語に触れていなかった

学生なども受講していました。韓国の大学日本語教育の現場では、レベル別ではなく、学年別に開講されている授業も多いため、どの学生も参与可能な授業をいかにデザインするかが教師にとって大きな課題となります。たとえ学習者間に日本語レベルの差がみられたとしても、複数の学習者が一つの教室に集い、共に日本語を学ぶという場を活かして、対話への参加を促したい。そう考えて取り入れたのが、対話による「絵の鑑賞」（ビューイング）の手法でした。

　日本語の授業に「絵の鑑賞」の手法を取り入れることで期待されることは、次の3点です[2]。

① 活発な議論を引き出すこと
② 根拠を示しながら、意見を述べるよう促すこと
③ 意見を出し合い、意味生成的な学習プロセスを仲間と共有すること

　では、実際に日本語の授業の中で「絵の鑑賞」を行うと、どのような対話がみられるでしょうか。学生たちは絵の中にどのような根拠を見いだすでしょうか。以下、本実践の手順を紹介するとともに、ディスカッションの発話内容を分析することで「絵の鑑賞」を取り入れた授業の中で、実際にどのような対話が行われているのか観察してみたいと思います。そして、さまざまな見方（読み）を共有することで、「何が描かれているのか」、「その絵からどのようなストーリーが読み取れるのか」というように、描かれていることの一つひとつをクラス全体で意味づけていくプロセスを確認したいと思います。

　本実践における「絵の鑑賞」の手順は次の通りです。まずは学生たちに一枚ずつ絵を持たせ、しばらくの間、絵をじっくり見るように促します。そして、学生が十分に観察するのを助けるための問いかけを行います（後述）。学生

は、各自、シートに気づいたことを日本語で書き出します。シートへの記入が終わったら、いよいよディスカッションです。黒板に張り出された大きな絵を見ながら、観察によって気づいたことについて意見交換をします。教師は、学生たちの発言に注意深く耳を傾け、発言を訂正したり、学生たちの注意を一定の方向に誘導したりすることをせずに、各意見の共通点や相違点を示しつつ、ディスカッションの間はファシリテーターに徹するよう心掛けます（ヤノウィン2013/2015）。

　この授業では、①一枚のシンプルな絵（「たき火」「入院」。いずれも出典は三森2002）、②日本画（「風神雷神図」）、③絵本の絵（『たいふうがくる』『ベルナルさんのぼうし』）と、段階的に、より多層的な読みができる作品[3]を用意しましたが、いずれの「鑑賞」においても大切なことは正解を見つけ出すことではなく、描かれている状況から根拠を示しつつ、論理的に推論することです。

表5　実践の流れ（例）

| 絵の種類 | 科目名及び実施手順 | | 活動形態 | 時間（分） |
	現場学習日本語作文（3年対象、19名）	実践日本語会話（3年対象、24名）)		
1. たき火 2. 入院	①絵の分析（シート記入）	①絵の分析（シート記入）	個人	10
	②ディスカッション	②ディスカッション	全体	15～20
	③作文	③ふりかえり（シート記入）	個人	15
3. 風神雷神図	①絵の鑑賞（シート記入）		個人	20～30
	②ディスカッション		全体	10～15
4.『たいふうがくる』 5.『ベルナルさんのぼうし』 （4～6枚選定）	【ステップ1】絵の鑑賞（シート記入）		個人	10
	ディスカッション		ジグソー	15
	絵の説明		↓	15
	【ステップ2】物語をつくる		グループ	20
	【ステップ3】物語の発表		全体	10
	【ステップ4】翻訳及び日韓対訳絵本を読む		全体	10
	【ステップ5】各自、物語を書く		個人	15

※1～5は、毎回の授業で1つずつ（他の活動と組み合わせている）、5週に渡って実施した。

ファシリテーションで用いる問いかけは、対話による美術鑑賞教育の一つである「VTS」(Visual Thinking Strategies、以下VTS)で用いられる3つの問いかけと、三森ゆりかの「絵の分析」の手順を参考にしました(三森2002)。まず、基本となるVTSの問いかけは以下の3つです。

① この作品の中で、どんな出来事が起きているでしょうか。
② 作品のどこからそう思いましたか。
③ もっと発見はありますか。

　ヤノウィンによれば、1つ目の問いかけ「この作品の中で、どんな出来事が起きているでしょうか」は、どんな意見でも言いやすいオープンエンドな質問であり、なおかつ、単に「何が描かれているのか」ではなく「何を意味しているのか」という作品に内在する意味についての思考を促します。2つ目の「作品のどこからそう思いましたか」は、論理的な思考を促す問いかけであり、これにより学生たちは自分の解釈の根拠を作品に基づいて示すことが求められます。3つ目の「もっと発見はありますか」は、意味生成のプロセスを深める役割を担っています。この質問を繰り返し用いることで「わかった」と思っても、もっとよく見て検討すると考えが深まったり、最初の考えが変わったりすることもあるという気づきを促すことができます。また、反対意見を持つ学生がいた場合に、発言がしやすくなる効果もあるとされます(ヤノウィン2013/2015)。
　とはいえ、このような絵の鑑賞やビューイングに馴染みのない学生にとって、絵を「見ること」はなかなか難しいものです。そこで初めのうちはVTSの3つの質問に加えて、三森の「絵の分析」を参考に問いかけを行い、絵の鑑賞とクラスでの発言を促しました(表6参照)。「絵の分析」

では、全体の情報（大きな情報）から部分の情報（小さな情報）へと、秩序だった視点の移動に基づいて見ていきます。このような順序で「絵の分析」を行っていくことで、全体と細部の関係がよく見えるようになり、絵全体に対する理解が深まるとされます。

表6　三森（2002:94）による「絵の分析」の手順

①全体像を捉える：全体の情報・大きな情報 絵を全体の枠組みの中で捉え、何が描かれているのか（テーマの仮説・予測）、場所・季節・天気・時間・時代背景などの設定、誰（何）が描かれているかなどを観察・分析する。
②部分の情報・小さな情報 絵の細かい部分まで観察し、分析する。例えば人物の表情、行動、態度、しぐさ、感情、音やにおいまで絵から読み取れる情報をできるだけたくさん取り出す。
③もう一度大きな情報へ 絵の細かい部分を検討した後で、もう一度、画家が何を表現しようとしたのか、何をテーマにして絵を描いたのかを最終的に考える。
④「絵」から自分へ：批判的検討 絵から読み取った情報を自分自身に置き換えて考える。あるいは現実に置き換えて考える。例えば、自分だったらどう感じるか、どのように行動するか、自分も同じ状況に陥ったことがあるかなど。客観的対象であった絵が、自分自身の主観の中に取り込まれ、内面化される。

　筆者は、クラスメートとのディスカッションの中で、新たに気づいたことや新しい情報があれば、違う色のペンでシートに書き加えるように指示しています（図20参照）。そうすることで協働による読みの多層性が可視化・意識化され、各自の複眼的な思考が深まると考えるからです。

　ここからは「絵の鑑賞」によってどのようなディスカッションが行われているのか、「実践日本語会話」の初回の「たき火」の絵のビューイング活動の前半部を取り上げ、検討してみることにしましょう。

1.2　会話の分析結果

　初回のビューイングでは、三森ゆりか『絵本で育てる情

報分析力』（一声社、2002）の中で描かれている２人の子どもがたき火に当たっている絵を用いました（図19参照）。教師が「これは何の絵ですか」と問いかけると、学生Ａが「外で焼き芋を焼いている」（002）と答えています。教師は学生Ａの発言を受けて、絵全体を指さして「外」であること、さつま芋の絵を指さして「焼き芋」であるという発言を確認し、板書したうえで、改めてその根拠を問うています。学生Ａは「たき火がちゃんとした薪でできている」ことや「男の人が手に焼き芋を持っている」ことを、その根拠に挙げます（004）。教師はさらに、学生Ａが左側の人物を「男の人」と述べたことについて根拠を示すように求めます。学生Ａは、右側の人物は「髪の毛が長」く、「スカートをはいている」として、絵の中の２人の人物の服装や髪型に注目し、その違いから男女の別を判断したと述べています（010）。この発言を受けて、絵の中の人物について注目が集まり、この二人の人物の関係についてさまざまな意見が出されることになります。

　以下、学生が根拠を示して意見を述べているところ（表中、太字で示す）と、教師が学習者の発言を受けて絵の中の該当箇所を指さしているところ（表中、下線で示す）に注目して、意見を出し合うことで意味が生成されていく（意味

図19　初回に鑑賞した「たき火」の絵（三森2002: 76挿絵）

づけされていく）プロセスをみていきましょう。

表7　ディスカッションの冒頭部分の発話内容

発話内容	板書
001 教師　：まず、この絵は何の絵ですか？	
002A　　：外で焼き芋を作っている。	外
003 教師　：おー。まず、外、それから焼き芋。これは外ですねー、焼き芋。えー、どうしてそう思いましたか？	焼き芋
004A　　：**たき火がなんか、ちゃんとした薪でできているし、でー、男の人が手に、そのー、焼き芋を持っているから。**	たき火薪男の人／男の子
005 教師　：なるほど。ああ、これを持っている人が、男の人ですか？	
006A　　：ああ、男の人だと、、	
007 教師　：男の子？	
008A　　：はい	
009 教師　：どうして男の子だと思いました？	スカート
010A　　：**隣の人は、髪の毛が長くて、下を見るとスカートをはいているので、こっちの人はなんかズボンしか見えないから、男の人だと思います。**	髪が長い
011 教師　：うん。髪が長い、スカート。他にどうでしょう？	

・「おそろいの服」をめぐって

　最初にディスカッションの話題の中心になったのは2人の人物の関係についてであり、焦点があたったのが2人の服装です。まず、学生Bが二人の服装が「ペアルック」に見えるので、「ふたりはカップル」の可能性があると述べます（012、014）。学生Bの発言に教室には笑いが起こり、学生Cは「おそろい、おそろい」（020）と囃し立てるように言い換えを行っています。教師に「なにがおそろいですか」と問われると、学生たちは口々に「ジャケット」（022）、「ズボン」（024）、「ストッキング」（025）と、「おそろい」だと思われる箇所を具体的に指摘しています。教師は該当箇所を指さしながら、同時に「おそろい」と「ペアルック」ということばの意味を確認しています。この「おそろいの服装」を根拠にして、2人の人物の関係として

「カップル」（012）、「きょうだい」（027、028）、「同じ団体（グループ）のメンバー」（030）などの可能性があるという意見が出されました（表8参照）。また、表8に示した部分では語られていませんが、ディスカッションの後半には学生Mから「双子」ではないかという意見も出されました。さらに、学生Bの「カップル」という見解に対しては、学生Kが、左側の人物の「手袋」に着目して「もし恋人だったら女の子〔右の人物〕に手袋をあげた」はずだと述べ、「カップルではない」という意見も出されています。

表8 「おそろいの服」の分析

発話内容		板書
012B	：あー、いま、ふたりは。カップルみたいで。	カップル
013教師	：お、カップル？	ペアルック
014B	：**ペアルックを着ています。**	
015クラス	：笑	
016教師	：カップル	
017B	：可能性があります。	
018教師	：ペアルック、ですか？	
019B	：はい	
020C	：おそろい、おそろい！	おそろい
021教師	：おそろい、何がおそろい？	
022C	：**ジャケット**	
023教師	：<u>ジャケット</u>がおそろい？	
024D	：**ズボン**	兄弟（兄妹）
025C	：**ストッキング**	
026教師	：うん、ズボンもストッキングも。はい。<u>これがおそろいで、ペアルックじゃないか</u>。いいですね。他にありますか？	
027C	：きょうだいかもしれない。	同じ団体
028F	：きょうだいかもしれない。	同じグループ
029教師	：ああ、きょうだいかもしれない。カップルかもしれないし、きょうだいかもしれない。	
030A	：もしくは、同じ団体の人かもしれない。	
031教師	：同じ団体の人かもしれない？（笑）おー。ボーイスカウト、ガールスカウトみたいな？　同じ、同じグループのメンバーかもしれない。	

・「頰の赤さ」をめぐって

　次に注目されたのは人物の「頰の赤さ」です。学生Bは「ほっぺが赤いので寒い」（032）と述べ、続けて、思いついたように「ふたりが愛して」いるからとも述べます（034）。前者は外の環境（季節）に着目したものであり、後者はふたりの関係性についてB自身が述べた「カップル」という可能性をさらに裏付けるものとして述べられたものです。このように学生Bは、頰が赤い理由として「寒さ」と「恋心」の2つの可能性を挙げました。この発言を受けて学生Gは、「寒い」という意見に注目し、「ほっぺが赤いのは外に長くいたから」（037）と述べます。これに対し、学生Hは「ほっぺが赤いのは火が熱すぎ」るためだとして（039）、「寒さ」ではなく、「たき火の熱さ」に着目します。「頰が赤い」ことへの着目によって、「気温の低さ」「長時間外にいたこと」「火の熱さ」「ふたりの恋心」などの可能性が挙げられました。

表9　「頰の赤さ」の分析

発話内容	板書
032B　　：それと、**いま、ほっぺが赤いので、寒い**。	寒い
033教師：ああー。ほっぺが赤いです。なので、外ですけど。寒い！	ほっぺが赤い
034B　　：寒いか、、ああ！寒いか、それじゃなくて、そのふたりがー、愛して	
035クラス：あはは(笑)	
036教師：おお、ほっぺが赤い。寒いかもしれないし。どう書いたらいいかわからないけど〔と言いながら、ハートマーク♡を板書〕	♡
037G　　：**ほっぺが赤いのは、外に長くいたから。**	外に長くいた
038教師：いいですねぇ。ほっぺが赤いのは外に長くいた。うんうん、時間がけっこう長い。	
039H　　：**ほっぺが赤いのは、火が熱すぎて、ちょっと。**	火が熱い
040教師：火がとても熱い？　うん。他には火が熱い、はい、いいですね。	

・「帽子と落ち葉」をめぐって

　「寒さ」や「たき火の熱さ」についての発言を受けて、学生たちの関心は次第に描かれている季節に移っていきます。ここで注目されたのは、左の人物がかぶっている「帽子」と、ふたりの足下に落ちている落ち葉（紅葉）です。学生Jは「地面に紅葉が落ちているので秋だと思う」(043)と述べています。この意見に呼応して学生Cは「男の子が帽子をかぶっているし、落ち葉とかがたくさん」あるので、「晩秋」か「初冬」ではないかと述べます(045、047)。学生Cは「帽子」と「落ち葉」を根拠に秋の深まった時期との考えを示します。教室では「晩秋」ということばがわからないという反応がみられたため、教師が板書をしながら「晩秋、初冬、冬の初めの方」(050)と言い換えを行い、学生Cも「普通の秋よりもっと寒くなった」(051)と説明を加えています。

　学生Cが「帽子」に着目したことを受けて、学生Bは「男の方は、帽子をかぶっていますので、坊主か白血病」(053)ではないかと推測します。「白血病」という予想外のアイデアに、教室はざわめきます。学生Kは、季節は「冬」だと述べ(058)、その理由として「女の子が寒そうな様子」であることと、「男の子が手袋と、帽子をかぶっている」ことに注目しています(060)。そして、先ほど「おそろいの服」をめぐる話し合いについて見た際に言い添えた通り、寒そうにしている「女の子に手袋をあげて」いないことから、学生Kはふたりは「恋人」の関係ではないとの見解を示します(064)。これに対し、学生Lは「このふたりがカップルなんですけど、男が病気で」(070)と学生Bの意見への支持を表明し、その根拠として「その帽子もあまり普通の人がかぶらない型」であるとして、帽子のデザインに注目します。また、学生Lは、「落ち葉が落ちているところを見ると、秋だと思う」と述べた上で、左

側の人物の「左の手が見えない」ことに着目して、「ポケットに手を入れている」と推測し、そこから「女より男は寒がりにみえる」として、左の人物が病気であるという自身の主張を補強しています（075）。

　このように、まず、季節を示すものとして「落ち葉」と「帽子」が注目され、「秋（晩秋）」か「冬（初冬）」という意見が出されました。また、「帽子」については「坊主」や「病気（白血病）」など人物の特徴や状況（背景）を示すものであるという意見も出されました。なお、「落ち葉」と「季節」をめぐっては、表10に示したもの以外にもディスカッションの後半部で、学生Nが、穴のあいた落ち葉があることに着目し、「落ち葉に穴があいていて、乾燥しているよう」なので、「冬」ではないかという意見も出されました。

表10　「帽子と落ち葉」の分析

発話内容		板書
041J	：季節は秋だと思います。	秋
042教師	：秋	
043J	：その理由は、**地面に紅葉が落ちているので、秋**だと思います。	紅葉が落ちている
044教師	：うん。<u>紅葉が落ちているから、秋</u>。うんうん。いいですね。	帽子
045C	：私は、**男の子が帽子をかぶっているし、落ち葉とかがたくさんいて、晩秋？**	
046教師	：おお、晩秋？	
047C	：晩秋かー、初冬だと思います。	晩秋
048教師	：初冬。秋でも、、、。	初冬
049クラス	：晩秋？？	
050教師	：晩秋、難しいことば使いますねぇ。晩秋、初冬、冬の初めの方。	
051C	：普通の秋よりはもっと寒くなった。	
052教師	：ああ、普通の秋よりはもっと、かなり冬に近くなってきている。	
053B	：〔挙手〕はい！　男のかたは、**帽子をかぶっていますのでー。坊主か、白血病かもしれないです。**	
054クラス	：あはは、笑〔ざわめく〕	坊主
055教師	：坊主か白血病。…おお、ちょっと、なんか悲しいストーリーが出てきましたね。	白血病

056 クラス：（笑）	
057 教師　：〔手を挙げていた学生を当てる〕Kさんは？	
058 K　　：僕は、冬と思います。	
059 教師　：うん、冬？	
060 K　　：あのー、**女の子が寒そうな様子**をとっているの 　　　　で。そして、**男の子が手袋**と、**帽子をかぶって 　　　　いる**ので、そうだと思いました。	冬 手袋
061 教師　：うん。なるほど、<u>これが手袋</u>に。<u>手袋をしてそ</u> 　　　　<u>うな手</u>。	
062 K　　：はい。	
063 教師　：おお、いいですね。	
064 K　　：そして、全く別人だと思います。あのー、恋人 　　　　だったら女の子に手袋をあげたかもしれません 　　　　が…	
065 教師　：ん？手袋、女の子にあげた？？	
066 F　　：いや、もし、ふたりが愛している間なら。	
067 教師　：ああ、じゃあ、カップルじゃないかも？	カップル じゃない
068 K　　：はい。	
069 教師　：うーん、なるほど。うんうん	
070 L　　：私は、このふたりがカップルなんですけど。男 　　　　が病気でー	病気
071 クラス：笑	
072 L　　：その**帽子も、あんまり普通の人はかぶらない帽 　　　　子の型**でー	帽子の形
073 教師　：おお、そっか。ダサい？	
074 クラス：ダサい（笑）	
075 L　　：はい。でも、今、**下に落ち葉が落ちているとこ 　　　　ろを見ると秋**だと思うんですけど。**女より、男 　　　　はもっと寒がりに見えることが、左の手が見え 　　　　なくー**、多分、**ポケットの、ポケットに入って 　　　　いる**と思います。	寒がり 左手はポ ケット
076 教師　：〔ポケットに手を入れてみせる〕こうやってる？	
077 A　　：はい。	

　以上、ここまで「たき火」の絵を鑑賞し、クラス全員で行った18分間のディスカッションのうち、冒頭の約8分間のやりとりについて詳細に見てきました。学生は、（表中、太字で示したように）意識的に自らの意見の根拠について述べています。教師は（表中、下線で示したように）、学生が言及した箇所を頻繁に指さし、繰り返しや言い換えを行うことで、クラス全体で議論を共有するように働きかけて

います。誰かが何らかのメッセージを発することが呼び水
となり、また新たなメッセージ（発言）を生む。そして、
さまざまな見方（読み）が共有されることで、「外で焼き芋
を焼いている」という見方にとどまらず、場所、季節、気
温、人間関係、登場人物が抱えている事情、人物の心理
（気持ち）など、描かれていることの一つひとつが丁寧に意
味づけされ、一枚の絵の「読み」が深まっていく様子が確
認できます。教室活動としての「絵の観賞」による日本語
学習は、協働での意味づけというプロセスを通じてのこと
ばの学びといえます。

1.3　絵の鑑賞と「書くこと」

　「絵の鑑賞」を用いた対話型の日本語授業では「書く活
動」も随所に織り込んでいます。学習者が「書くこと」を
求められるのは、主に、次の3つの場面です。

①　自分が絵を鑑賞（分析）したことを、日本語で記述
　　する。
②　ディスカッションの中で気づいた新しいアイデア・
　　情報をメモする。
③　対話による絵の鑑賞をもとに、作文やストーリーと
　　して一つの文章にまとめる。

　本実践では、ディスカッションに先立って、絵を鑑賞し
て気づいた点について各自シートに書き出す時間を設けま
した。中上級レベルの学生を対象とした科目ではあります
が、受講生の日本語レベルに差があるため、ディスカッシ
ョンでの発言にはばらつきがあることが予想されるからで
す。事前に目標言語で書き出し、可視化することで、各自
のことばの学びを意識化し、その後のディスカッションを
通じて、学生一人ひとりのことばの気づきを促すことがで

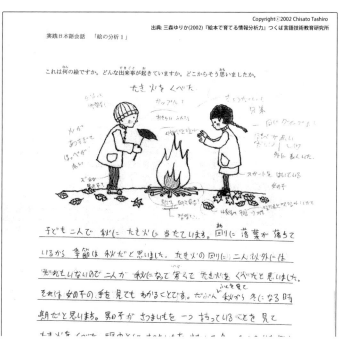

出典：三森ゆりか(2002)『絵本で育てる情報分析力』つくば言語技術教育研究所

図20　学生が記入したシートの例

きます。また、ディスカッションを進める中で、自分が見落としていた情報があれば、違う色のペンで書き加えるよう指示しました。これにより絵の説明に関係するさまざまな視点とそれを説明することばを増やすことができます。

　図20は、初回のビューイングで配布したシートに学生が記入したものです。罫線の部分には、自分が分析した絵についての説明が書き込まれています。絵のまわりには、クラス全体でのビューイングを通して気づいた事柄、自分が見落としていた情報、他の学生のアイデアなどが赤字でメモされています。

　鑑賞教育では、作品についてのディスカッションの記憶が新しいうちに、発話から筆記へと移行するという連続性を持たせた活動が言語発達を促進すると報告されています（ヤノウィン2013/2015）。また三森も、「絵の分析」によっ

155

て学習者の論理的思考を育てるうえで「分析の結果を作文に結実させることは極めて重要」（三森2002:69）だといいます。学習者は書くことによって、「討論を通して考えたことがらと改めて対峙し、自分の考えを検証し直して、さらに深い洞察と論理的思考へ至ること」（同:69）ができます。書くことには全体の整合性が求められ、わかりやすい説明が必要となるため、結果として、より高い分析力や論理的思考力が鍛えられます（三森2002）。これらの先行研究を踏まえ、本実践においても、作文授業では鑑賞に基づくディスカッション活動と作文に連続性を持たせ、三森の「絵の分析」の手順④（表6参照）にあるように、自分自身に関連づけて作文を書いてもらいました。

　さらに、より発展的な活動として絵本を使ったジグソー法を用いたビューイング活動（以下、ジグソー・ビューイング）を行いましたが（表5「絵の種類4、5」参照）、ここでも創作した物語を、各自、自分のことば（日本語）で記述する時間を設けました。（作文クラスでない場合は、グループごとに1つの物語を書くこともありました。）

1.4　学生の受け止め

　では、この活動を学生はどのように受け止めたでしょうか。初回「たき火」のビューイング活動を終えて、学生が記したふりかえりシートの中からいくつか感想を紹介したいと思います（日本語の表現は原文ママ）。この実践は2016年度の授業で行ったものですが、さまざまな学年の学生が受講しているので、参考までに学番（入学年）を記しました（例: 2009年入学＝09学番）。また、先に見たディスカッションで発言していた学生については、発話者のアルファベット（例:学生A）で示しました。

　・絵一枚で、そこまで推理できるのが、すごかったで

す。（09学番）

・一つの絵を見てもみんな同じ絵をみてないなと思いました。いろんな観点で、絵を理解して見ているなと感じました。（学生G、13学番）

・簡単な絵でも見ることと、見付けることも、違うのを気づきました。（13学番）

・１つの絵でひとそれぞれの意見があるのに気づきました。同じ場面を見てもそれぞれ違う解析があってすごくおもしろいでした。私が見つけなかった部分を他の人が見つけて話したり、他の人が見つけなかった部分を私が見つけたりしたのもおもしろいでした。

（12学番・編入生）

・普通に見える絵にもそれぞれの視点から見ることができて、いろんな意見が出る事がおもしろかったんです。みんなドラマ見すぎですね（笑）（12学番）

・絵を見て分析することもけっこうおもしろくて、わたしの個人的なことをよく話せました。（学生L、14学番）

・今日のViewingを通して、同じ絵でもみる人により気づく部分がけっこう違うのが面白かったです。また、私がキャッチできないところも他の人が見てたりするのをみて他の人の協力するのは重要だと思いました。

（学生C、10学番）

・絵を説明する活動は前にやった覚えがあります。でも、前にも思いましたが、私あまり想像力がないほうだと思います。目の前の事実的なものしかみえないというか…少し悲しいです。練習したらできるかなとおもいます。すると、うれしいけど。（13学番）

　絵の鑑賞（ビューイング）に初めて挑戦したという学生が多く、学生たちは一枚の絵から想像以上に豊富な情報が読み取れるということに驚きつつも、見方や理解のし方の違

いを楽しんだようです。また、仲間との協力の重要性を感じたといった感想から教室という複数人が集う場だからこそ得られる学びを体感している様子が窺えます。なかには、自身の想像力の無さにがっかりしたという感想を漏らす学生もいましたが、その学生もこのような学びの機会があれば、想像力が伸びるのではないかという期待を語っているのが大変興味深いです。

・「これは何の絵ですか。どんな出来事が起きていますか」の活動で私は多くの単語を学びました。たとえば、「やきいも」「ほお」「晩秋」などの単語を分かるようになりました。単語の重要性をもう一度悟るようになりました。(11学番)
・たきび、もみじ、やきいも、白血病などの単語を覚えました。人に根拠を言いながら説明するのは、とても難しいなと思いました。(学生B、09学番)
・ビューイングの活動では、自分がどれくらい論理を持って説明するか、そして、その論理が正しいかを大切にしました。(学生J、09学番、複数専攻[4])

　日本語の学びということでは、「焼き芋」「頬」「晩秋」などいろいろな語彙を知る機会になったというコメントから、活動を通して日本語の表現についても関心が向いていることがわかります。また、論理的に説明することが意識されていたことも窺い知ることができます。この活動は、日本語で具体的に説明しなければならないため、学生たちは"実践的"に日本語を使う必要に迫られます。このような活動がさまざまな形で、学生一人ひとりの学習意欲を刺激していると言えるのではないでしょうか。
　「絵の鑑賞」は日本語能力だけが問われる学習活動ではありません。休学や留学、ワーキングホリデー、兵役など

学生のさまざまな経験が「見る眼」を育てていると思われます。その多様な見方（読み）をもとに、自分の見方（読み）と他者の見方（読み）を重ね合わせ、擦り合わせながら、対話を通じて互いに妥当な見方（意味）を模索していくプロセスが重要です（舘岡2011）。日本語の授業に「絵の鑑賞」を取り入れることによって、学習者間に多少の日本語レベルの差がみられたとしても、多様な人々とともに学ぶ「教室」という場を活かし、協働による意味生成プロセスを共有できる学習環境をデザインすることが可能となります。感想に見た通り、学生たちは、他の学生から自分では気づかなかった点（見えなかった点）や思いつかなかった考えを聞いて、驚き、感心し、ときに疑問を抱き、また思考を深めていました。それぞれの読みを共有することで、多くの気づきや発見が得られる「絵の鑑賞」は、多様な学習者が集う教室活動でこそ、その真価を発揮できる学習であるといえます。

　また、学生は「絵」があることで自らの意見の根拠を「指し示す」ことができ、クラスメートもそれを「目」で確認できます。さまざまな読みを共有することで、何が描かれているのか、その絵からどのようなストーリーが読み取れるのか、描かれていることの一つひとつを対話によって意味づけていく作業は、教室全体で文脈（コンテクスト）、つまり意味を共有していく過程となります。根拠を示して自らの意見を述べる力は、論理的思考力の育成につながるものです。「絵の鑑賞」に基づく対話型の授業は、作文に重きをおいて実施するにせよ、会話に重きをおいて実施するにせよ、いずれも教室での協働での学びをデザインするものとして期待できるものと思われます。

2 絵本×ジグソー・ビューイング

【絵本×ジグソー・ビューイング】複数枚の絵からの物語づくり	

「絵の鑑賞」の発展形で、複数の絵を組み合わせてストーリーを作ります。ジグソー法を取り入れることで、一人ひとりが他者に自分の知っていることを「分かりやすく伝えなければならない」という状況を作ることができます。クラス全体でビューイングをすると、消極的な学生はたとえ面白い発見をしていても発言できないことがあります。しかし、ジグソー・ビューイングでは、すべての学生がエキスパートとして発言する場を与えられます。他者と協働しつつ、一人ひとりが発言の機会を得られるということ、そしてなにより複数人が集う場でしかできないというのがジグソー・ビューイングの魅力です。

レベル	初級後半〜
人数	3人×3グループ以上が実施しやすい（3枚の絵を使用） （2人×2グループや2人×3グループでも可能だが、おもしろさは半減する）
目安時間	20〜40分
用意するもの	絵本の絵 グループごとに異なる絵をグループの人数分 3グループであれば3枚の絵、4グループであれば4枚の絵
進め方	①まず一冊の絵本からビューイングできそうな絵を3〜4枚選び、合計がクラスの人数分になるよう準備する（コピーする）。（できるだけ読み取れる要素が多いものを選ぶ。ことばは隠しておく。） ②絵を配布し、まずは各自じっくりビューイング（鑑賞）し、絵から読み取れたことをシートに書き出していく。 ③同じ絵を持つ3〜4人が集まり、エキスパートグループを作る。 ④エキスパートグループのメンバーと1枚の絵について読み取れたことを情報交換する。この話し合いでその絵についてできるだけ詳しく説明できるようになる。→その絵のエキスパート（専門家）になる。 ⑤ジグソーグループに移動する。異なる絵を持つ3〜4人で新しいグループを作る。 ⑥ジグソーグループのメンバーに、自分が持っている絵がどのような絵か紹介する。一人ひとり異なる絵を持っているので、全員が必ず発言する。 ⑦持ち寄った絵（3〜4枚）を組み合わせて物語（ストーリー）を考える。タイトルもつける。 ⑧クラス全体で、各グループの物語を披露し合う。

進め方	⑨オリジナル絵本の読み聞かせをする。 ※上記①〜⑨までが、ジグソー・ビューイングの基本的な流れですが、書くことに主眼を置いているのであれば、その後、各自「自分のことば」で発表した物語を書いてもらってもいいですし、オリジナル絵本の翻訳に挑戦してもよいと思います。絵をしっかり読み込む作業は、翻訳をする際にも役立ちます。
ヒント	「ビューイングできそうな絵」というのは、絵からさまざまな情報が読み取れる絵のことです。ヤノウィン（2013/2015）や三森（2002）のような問い掛けによって、"発見"できる情報が多く描かれているものがビューイング的な鑑賞に適した絵と言えます。ジグソー・ビューイングをするにしても、1枚の絵から読み取れるものがある方がよいです。
活用した絵本の例	『よるのかえりみち』、『たいふうがくる』、『もりのおくのおちゃかいへ』→モノクロの作品は大学生や社会人学生にも人気ですが、なによりもモノクロであることによって「見ること」に集中できます。 『ベルナルさんのぼうし』→ファンタジー要素が強く、多様な読みができます。 『きいのいえで』→絵だけでも十分ストーリーが分かります。比較的シンプルで取り組みやすいです。

　先に見た「絵の鑑賞」を用いた活動を発展させたものに、絵本を使ったジグソー・ビューイングがあります。「ジグソー・ビューイング」というのは、筆者が便宜的に名付けたもので、ジグソー法を使ったビューイング活動のことです。複数枚の絵を用いたビューイングから物語づくりをするということと、ジグソー法を取り入れることで学習者が必ず発言する機会を持つということを狙っています。

　ジグソー法は、学習者が協働して学ぶための学習法の一つです。基本的な方法として、学習する教材を分割して各部分を担当するエキスパート（担当部分の「専門家」という意味です）を作ります。その後、各部分のエキスパートを1人ずつ集めた新しいグループで互いに担当部分について情報を交換しあって全体を把握させます。最初の段階でエキスパートを作るグループをエキスパートグループ、後半で

各エキスパートグループから1人ずつ集めて構成するグループをジグソーグループと呼びます。ジグソーグループでは全員担当するものが違うため、学生は互いに「自分しか知らないこと」をグループの他のメンバーに伝えなければなりません（杉江他編2004）。通常のジグソー法で用いられる教材や資料は、読み物ですが、本実践では絵を用います。

　ジグソー・ビューイングで用いる絵は、一冊の絵本から何枚か選びます。選ぶときのポイントは、一枚の絵からいくつかの情報が読み取れるような絵であることです。ことばの部分は隠しておきます。絵の鑑賞の要領で、まずは一人で絵をじっくり鑑賞（ビューイング）し、絵から読み取れることをすべて書き出します。その後、同じ絵を持つメンバーが集まってエキスパートグループを作ります。たとえば、12人のクラスであれば異なる4枚の絵を用意すると、3人ずつ4つのエキスパートグループが作れます。エキスパートグループの3人は同じ絵を持っていますので、それぞれが見て読み取った情報を共有して、1枚の絵の読みを深めていきます。情報交換をしながら、絵を説明するさまざまな日本語表現を確認し合います。エキスパートグループでメンバーの「読み」を共有することで、絵を詳しく説明するための表現を増やせます。同じエキスパートグループのメンバーと協力しながら、どのようにその絵を説明したらよいかを考え、練習します。

　練習ができたら、ジグソーグループに移動します。各グループから1名ずつ集まるので、1グループ当たり4人、3つのグループできます。ジグソーグループの4人は、それぞれ異なる絵を持っています。それぞれ自分の絵のエキスパート（専門家）なので、どんな絵なのかを見せながら説明します。1枚の絵の「読み」はさまざまですから、自分の「読み」だけでなく、エキスパートグループで「このよ

うな見方も出た」ということもあわせて紹介します。

　それぞれの絵の紹介が終わったら、4枚の絵を組み合わせて、ストーリー（物語）を考え、タイトルもつけます。絵のさまざまな「読み」が物語づくりのヒントになります。

　物語が完成したら、グループごとにクラスで披露します。グループによって絵の順番が異なることもありますし、順番は同じなのにストーリーが違うということもあり、それぞれのグループの個性が出ます。そして、最後に教師がオリジナルの絵本を読み聞かせます。絵本によって、オリジナルとは全く違ったストーリーになるものと、オリジナルに非常に近いストーリーになるものがありますが、どちらも面白いです。そして、「そういう物語だったのか！」と、クイズの答え合わせのようなスッキリ感もあります。筆者はそこからさらに、韓国語に翻訳出版されているものを活用して、オリジナル絵本の日本語原書を韓国語（母語）に協働で翻訳をするという活動に発展させることもありました。

　物語づくりを目標にジグソー・ビューイングに使う絵を選ぶ際には、絵本の絵を利用するのがもっとも効果的です。もともとひと続きのストーリーとして描かれているため（例えば、同じ登場人物が描かれている等）、絵を組み合わせてストーリーを作りやすいわけです。また、ビューイングをしたあとは、何気なく見ている絵本の絵にはこれほど豊かな情報が含まれていたという気づきにもなります。絵本の絵を読むことや翻訳してみることを通して、絵本が単に子どもを楽しませるものにとどまらず、「絵」と「ことば」からなる芸術作品（表現）であるという絵本の魅力の一端を伝えることができます。もちろん、絵本の絵のようにひと続きの絵でなくとも、たとえばアートカード[5]などを利用して同じような活動をすることも可能ですし、それはそれでまた違った面白さがあると思われます。

表11　絵本×ジグソー・ビューイングの流れ

	活動内容	活動主体	所要時間
1	ウォーミングアップ（前章で見た「たき火」を使ったビューイング）	個人＋全員	20分
2	絵本の絵を見る（各自、シートに記入）	個人	15分
3	エキスパートグループで絵の「読み」を共有	グループ（エキスパート）	15分
4	絵を使って「ストーリー」＋「題名」を考える	グループ（ジグソー）	20分
5	各グループの物語を披露	全員	15分
6	絵本の読み聞かせ（オリジナルの物語）	全員	5分
7	絵本の翻訳（or 各自、物語を書く）	個人	15〜20分
8	絵本の翻訳文についての話し合い（協働翻訳）	グループ	15〜20分
9	韓国語版翻訳と読み比べ	全員	15〜20分

※活動時間の目安（『よるのかえりみち』を用いた場合）
　ジグソー・ビューイングによる物語づくりのみ（2〜6）：約70分
　ジグソー・ビューイング＋協働翻訳（2〜9）：約2時間強

　これまで「絵本×ジグソー・ビューイング」で用いた絵本は、みやこしあきこ『たいふうがくる』（BL出版、2009）、『もりのおくのおちゃかいへ』（偕成社、2010）、『よるのかえりみち』（偕成社、2015）の3作品と、いまいあやの『ベルナルさんのぼうし』（BL出版、2014）、種村有希子『きいのいえで』（講談社、2013）の5冊です。

　『たいふうがくる』と『きいのいえで』は登場人物がすべて人間で日常的な一場面を描いた作品なのに対し、『もりのおくのおちゃかいへ』『よるのかえりみち』『ベルナルさんのぼうし』は主人公が擬人化された動物になっていて、ファンタジー要素が強くなります。そのなかで最もファンタジー要素の強い作品が『ベルナルさんのぼうし』です。ファンタジー要素の強い作品ほど、絵の中にさまざまに象徴的に描かれたものからそれぞれメッセージを読み取っていきます。

　たとえば、図21の学生Aのビューイングのメモを見て

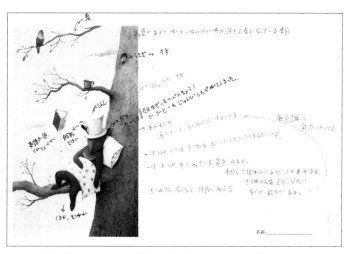

図21『ベルナルさんのぼうし』（いまいあやの、BL出版、2014）
見開き2ページ目より
学生Aがビューイング時に記入したメモ

みましょう。まず一人でビューイングしていたときは（薄い字で）「きつねさん みんなと 仲良くみえる」と書いていますが、絵には濃いペンで「くまか、キツネか」と書き込まれているところを見ると、エキスパートグループの仲間から「くま」という見方が出たことが分かります。学生Aは、木にぶらさがっている本から文字がこぼれ落ちているところに着目して「きつねさんは魔法使い」で、「何か能力がある。」と"読み"ます。そして、眠っている間に「文字がこぼれ落ちていて、なにか起こったようだ」と推測します。「本」についても、濃いペンで「英語の国、イギリス」と書き加えられています。これも恐らく他のメンバーの"読み"を書き加えたものです。このように、自分の"読み"と仲間の"読み"を加えることで、この絵にはなにが描かれているかを説明できるエキスパートになります。ちなみに、「英語の国、イギリス」という物語の舞台を推測する"読み"についてですが、じつは、その他の絵をビューイングした学生からもしばしば同様の指摘が上がります。

第一場面では主人公のくまが、雨が降っていないにもかかわらず傘を持ち歩いている点や、シルクハットをかぶっていることなどを根拠として「イギリスが舞台ではないか」という声が上がります。『ベルナルさんのぼうし』の物語には、イギリスということばは一度も出てきません。しかし、こうした学生の指摘が鋭いなと感じるのは、作者いまいあやののプロフィールをみると、「ロンドンに生まれ、イギリス、アメリカ、日本で育つ」とあることから、イギリスが舞台として想定されている可能性が考えられるからです。このようにビューイングでは、ただ傘や帽子が描かれていることを「見る」だけでなく、そこからさらに情報を「読み取れる」ことが分かっていただけるのではないでしょうか。

　図23の学生Bのビューイングのメモには、さらに踏み込んで象徴的なメッセージを読み取っている様子を見ることができます。学生Bは、右側のメモに「ぼうしのように

図22『ベルナルさんのぼうし』
（いまいあやの、BL出版、2014）
見開き5ページ目より

被っているのは、いままで背負ってきた命」、あるいはすでに自然が破壊されたため「動物も居場所を失い人間と一緒に暮らしている」ことを表していると推測します。また、左側の絵（図22, 23参照）には、帽子は「純粋さ」や「好感度」を表すものであることや、帽子のなかから顔を出す鳥は「夢」を象徴しているとメモされています。同じグルー

プのメンバーのメモを確認すると、「純粋（さ）」は「純粋な者の象徴」であり、「好感度」とは「動物への好感度」だといいます。そして、鳥のいないぼうしをかぶっている女性や男性には「夢がない」ことが表現されているとあります。さらに、周囲に描かれているのはみんな人間の姿なのに対し、唯一「（二足歩行の）くま」として描かれている主人公は、「自然の保護者」の象徴だと言います。

『ベルナルさんのぼうし』の物語は、ある日、ひとりぼっちのくまのベルナルさんのぼうしに、キツツキが穴を開けることからはじまる、不思議なぼうしの話です。物語だけを読むと、ベルナルさんと小鳥たちのこころ温まる優しい物語であり、「自然との共存」といった直接的なメッセージは書かれていません。しかし、このようにビューイングを通してしっかり絵を読み解くと、象徴的な絵のなかに描き込まれたメッセージが多層的に見えてきます。

この時は、5枚の絵を組み合わせてストーリーを考えてもらったのですが、ぼうしの街に住むキツネの話、クマが

図23『ベルナルさんのぼうし』（いまいあやの、BL出版、2014）
見開き5ページ目より
学生Bがビューイング時に記入したメモ

見た夢の話、人間世界でいじめられたクマの話、ひとりぼっちのクマが友だちを探しに旅に出る話など、さまざまな物語が生まれました。そして、差別はダメというメッセージ、人間関係は所有するということではないというメッセージ、自然との共存などといったメッセージが込められているのだというように、物語が持つメッセージ性にも話が及びました。学生たちのように、絵が持つ象徴性やメッセージ性を軸に物語を組み立てることもできるのです。

ベルナルさんのぼうし

著　者：いまいあやの
出版社：BL出版
発行年：2014

この絵本をおすすめする理由

絵がかわいいと大学生にも人気です。ファンタジー要素が強いのでビューイングが難しそうに見えますが、実際には、象徴的なメッセージ性が読み取れるという面白さがあります。

「ジグソー・ビューイング×絵本」のヒント

・学習者の人数などによって何枚の絵を選ぶか変わってきますが、私が定番として用いているのは、見開き１ページ目、２ページ目、３ページ目の３枚です。
・クラスの人数が少なくてエキスパートグループがたくさん作れないという場合は、ジグソーグループで絵を繋いでストーリーをつくる際に、追加で１、２枚配り、その絵を加えて物語を作ってもらうこともあります。

学習者による創作例

・ぼうしの街に住むキツネの話
・クマが見た夢の話
・ひとりぼっちのクマが友だちを探しに旅に出る話　等々

よるのかえりみち

著　者：みやこしあきこ
出版社：偕成社
発行年：2015

この絵本をおすすめする理由

筆者がジグソー・ビューイングで最も多く用いてきた絵本です。この絵本を用いると、高い確率で、大学生や社会人学習者が「絵本」に興味を持ってくれます。モノトーンで表現されていることや簡潔なことばで表現されている点が、想像力を触発します。

「ジグソー・ビューイング×絵本」のヒント

・どの絵を選んでもビューイングができますが、おすすめは、本屋さん、さよならのハグをしているねずみ、ワインを持ったひつじとパイを焼いて迎えるひつじの場面、などです。
・この絵本では、同じ登場人物の絵を２枚組み合わせてショートストーリーを考えました。たとえば、見開き１ページの右側で書店の店じまいをしている鹿と、見開き11ページ目右側のソファーで本を片手に寝ている鹿のように、絵の２枚をセットにして物語を考えます。そして、絵本のタイトルを予想してもらいます。何セットか別々のストーリーができあがりますが、最後に絵本の読み聞かせをすると、それらが一冊の絵本として描かれているいることに学習者は驚きます。

学習者による創作例

・ハグしている絵＋夜の列車が来るのを待つ絵……長い出張から帰り再会を喜びあう話
・書店（店じまい）の絵＋本を片手にソファーで寝る絵……本をいっぱい買ってきた話
・パイを焼く絵＋ワイン片手に訪ねてくる絵……新婚夫婦の記念日の話　等々

たいふうがくる

著　者：みやこしあきこ
出版社：BL出版
発行年：2009

この絵本をおすすめする理由

この絵本の「絵」の魅力は、1枚の絵に豊かな情報が描き込まれていることです。登場人物や状況が描かれているだけでなく、主人公の気持ちなども伝わってきます。1枚の絵からでも十分にストーリーが想像できます。

「ジグソー・ビューイング×絵本」のヒント

・この絵本は日常を描いた部分と、主人公の夢の中の場面を描いた部分があります。筆者は、日常を描いた場面を中心にビューイングを行っています。ビューイングしやすい場面としては、見開き1ページ目の下校シーン、見開き3ページ目の家族が室内から外を見つめるシーン、見開き8ページ目のベッドに潜り込むシーンが挙げられます。
・主人公は男の子か女の子かが、しばしば議論になります。最後に絵本の読み聞かせした際に、主人公の語りでその答えが明らかになる...というのもこの絵本の面白いところです。

学習者による創作例

・夏休みに海に行く予定だったが雨が降って中止になってしまった話
・病弱の弟が死んでしまって、空を見上げて思い出している話
・子どもが猫を拾ってきた話　等々

もりのおくのおちゃかいへ

著　者：みやこしあきこ
出版社：偕成社
発行年：2010

この絵本をおすすめする理由

みやこしあきこ作品らしいモノクロの作品は、想像する余地（余白）が生まれ、ビューイングも想像もしやすいようです。また、この作品はモノクロのなかの「赤色」が印象的です。ビューイングをするなかで、この「色」が象徴するものは何か、メッセージは何かといったことにも意識が向けられ、物語づくりのヒントになるケースもありました。

「ジグソー・ビューイング×絵本」のヒント

・一人ひとりビューイングをするときは人間だけ描かれている絵を中心にし、物語をつくるときに、動物と少女が一緒に描かれているいる絵を1枚プラスしました。
・物語づくりを前提にビューイングを進めるのであれば、はじめから動物と人間が一緒に描かれたファンタジー要素の強い絵からはじめてもいいかもしれません。

学習者による創作例

・鹿夫人のお誕生日パーティーに、少女リサが招かれてプレゼントを渡す話
・誕生日に父親に見捨てられた少女がみた幻の話　等々

きいのいえで

著　者：種村有希子
出版社：講談社
発行年：2013

この絵本をおすすめする理由

優しい色づかいで、お話もかわいらしい絵本です。絵だけでもストーリーが読み取れるので、ジグソー・ビューイングによって創作される物語のバリエーションは多くないですが、その分取り組みやすいため、比較的短い時間で行うことができます。

「ジグソー・ビューイング×絵本」のヒント

・シンプルな絵なので、その中から、できるだけ多くの情報が読み取れそうな絵を選びます。筆者は、見開き1ページ目の左側のソファーの上で遊ぶ男の子と緑の服を着た女の子の絵、見開き6ページ目の右側のリュックを背負った赤い服の女の子とお菓子を差し出す女の子の絵、見開き8ページ目の右側の机に向かって何かを書いている子どもたちの絵、を中心にビューイングをしています。ストーリーは絵から想像しやすいです。

学習者による創作例

・姉妹のうち一人が家出しようとする話
・幼稚園の友だちが家出してたずねてくる話　等々

3 カタルタ×絵本② (協働で創作)

【カタルタ×絵本】グループでの物語づくり	
カタルタと絵本を使った物語の創作活動です。ここではグループでの物語づくりについて紹介します。クラスで絵本の冒頭部分、または一冊を読み、グループのメンバーと協力して絵本の続きの物語を考えます。完成したらクラスで発表し、鑑賞し合います。	
レベル	初級後半〜
人数	何人でも（個人でもグループでも可能）
目安時間	30〜40分
用意するもの	カタルタ（ストーリーテリング版、スタンダード版）、絵本
進め方	①3〜4人で1組になり、各グループにカタルタを1セット用意する。 ②絵本を読む（絵本によっては冒頭部分のみ）。 ③カタルタを4〜5枚引き、ワークシートに書き出す（図12、図25参照）。グループの場合はグループごとに、個人の場合は、各自で行う。 ④引いた5枚のうち、2枚以上を使って、（絵本の）物語の続きを考える。 ⑤完成した物語に、新しいタイトルをつける。 ⑥クラスで物語を鑑賞する（製本する）。 ※物語づくりに特化したカタルタ「ストーリーテリング版」には、8〜10歳向けの絵本や昔話、児童文学から抜き出した「そのころ」「ふしぎなことに」「いつのまにか」といったことばが記されています。
学習環境デザインのヒント	グループでの物語づくりの前に、アイスブレイクとしてカタルタの使い方に慣れる時間を持つことをお勧めします。（15〜20分程度） アイスブレイクでは、カタルタのスタンダード版を用います。カタルタの一般的な使い方と思われますが、たとえば「趣味」や「先週末は何をしましたか」、「夏休みは何をしたいですか」などの質問に一言答えてもらってから、学習者にカタルタを1〜3枚引いてもらいます。そのカードに書かれていることば（たとえば、「だから」「そういえば」「ちなみに」「幸運にも」「残念ながら」など）を使って話を続けます。 メンバー全員が話し終わるまで行います。時間が許せばいくつかの話題で同様に行います。これによってカタルタの使い方に慣れることができるだけでなく、個人の活動になりがちな創作活動の場を、クラス全体で共有するとともに、同じ条件下で多様な作品が生まれ

学習環境 デザインの ヒント	る可能性を参加者が感じることができます。 カタルタの使い方に慣れたら、ストーリーテリング版 を使った物語づくりに挑戦しましょう。 **【ステップ1】アイスブレイク**（目安時間15 〜 20分） カタルタ（スタンダード版）を用いて、自己紹介や趣 味などの話をつなげていく。 **【ステップ2】グループでの創作**（目安時間30 〜 40分） クラスで絵本の冒頭部分、または一冊を読み、グルー プのメンバーと協力して絵本の続きの物語を考える。 完成したらクラスで発表し、鑑賞し合う。 **【ステップ3】個人の創作**（目安時間30 〜 40分） クラスで絵本の冒頭部分、または一冊を読み、各自、 続きを考える。完成したらクラスで発表し鑑賞し合 う。完成にかかる時間にばらつきがあるようであれ ば、発表は翌週とする。 物語の続きとして、いろいろな展開が考えられそうな 絵本・場面を選ぶのがポイントです。
おすすめの絵本	『りんごがドスーン』『もりのおふろ』『あかいふうせん』 『ふゆ』『バスにのって』『でんしゃにのって』『とんと んとん とめてくださいな』

　カタルタと絵本を使った創作については、ひとりで創作
した例について第2部1章2でご紹介しましたが、ここか
らはグループで話し合いながら、創作する例について見て
みたいと思います。グループごとの作品づくりでは、多田
ヒロシ『りんごがドスーン』（文研出版、1975）や西村敏雄
『もりのおふろ』（福音館書店、2008）、イエラ・マリ『あか
いふうせん』（ほるぷ出版、1976）などを用いました。

　グループで創作する際には、仲間との「話し合い」を通
じて物語を作っていきますが、そこで交わされるのはまさ
に「日本語学習的コミュニケーション（学習会話）」です。
グループで作ることによる難しさもありますが、これまで
の経験から言うと、一人で作るときよりも、作品に遊び心
が生まれるように感じます。

　ここで紹介するのは、『りんごがドスーン』を使ってグ

図24 『りんごがドスーン』
（多田ヒロシ作、文研出版、1975年）

ループで創作した際の一場面です。話し合いに登場するのは日本語学科3〜4年生の学生3名で、中上級レベルの学生です。学生同士の話し合いは韓国語で行われていますが、ここでは日本語訳を記しました。教師と学生とのやりとりは日本語です。また、物語の文章（ことば）の候補として発話されたものは【　】で示し、カタルタカードのことばはゴシック体で示しました。さらに、教師が気になった表現に言及した際には、そのことばを「　」で示しました。

　まず最初に教師が、絵本『りんごがドスーン』を冒頭から見開き2ページ目の「ドスーン」まで読みます。その後、グループごとにカタルタを4〜5枚引いて、メンバーとアイデアを出し合い協力して物語の続きを考えます（この時、他にもう1グループ一緒に活動しました。）。学生はまず、シートに「おおきな　おおきな　りんごが…ドスーン！」と書くところから始めます。この「1行書いてある」ところから続きを考えるというのがミソで、何もないところに書き始めるより、書きやすくなります。

3.1　物語の方向性を決める

　この事例では、学生たちはカタルタのカードから、「もちろん」「いつも」「もし」「さあ」「また」の5枚を引きました。学生Jは、物語の作り始めから積極的にカタルタのことば「いつも」を使おうとしていることがわかります（002J）。それを受けて、学生Lは、「いつもの小さいりんごじゃない」という一文を提案し、これは最終的なストーリーにも採用されます（図25参照）。はじめは絵本に描か

れたもぐらの絵に注目し、そこから話を展開しようとしましたが、学生Gの「りんごを見るために動物たちが集まってきた」(008G) から、学生Jの「みんなでアップルパイを作ろう」(010J) のアイデアが生まれ、「大きなアップルパイを作ってみんなで食べる」という物語の大まかな流れが決まります。

001L	大きいりんごがドスン。家が消えたことにしようか。
002J	【いつもそこにあった 大きな大きなりんごがドスン】
003L	【家がなくなった】
004J	【私の家がなくなった。】
	（略）
006L	【いつもの小さいりんごじゃない】童話らしいでしょ。大丈夫ですか？
007G	うんうん
	〔もぐらの家がりんごでふさがっている絵を見る〕
008G	いろいろな動物たちが集まった。りんごが、大きいりんごが落ちて？いろいろな動物たちがりんごを見るために
009L	うん。だから、普通の小さいりんごじゃないからそれを気になるたくさんの動物たちが集まることに。
010J	【みんなでアップルパイ作ろうか。】
011L	【大きいりんごを見るために森のみんなが集まった。】いいね。ではどうしよう。【森の中のみんなが集まった】？【大きいりんごを見るために森のみんなが集まった。】
012G	うん、簡単で。

3.2　カタルタのことば「もし」と格闘する

　韓国語話者にとって「もし」と「もしかして（もしかしたら）」の使い分けが難しいです。たとえば、「もしかして、○○先生ですか」というところを、「もし、○○先生ですか」のように誤用してしまう例が少なくありません。この事例でも、カタルタのことば「もし」を使うのに苦戦したようです。

　学生Gの「もう少し話を展開させてから結末に向かうほうがいいのではないか」(027G) という発言を受けて、学

177

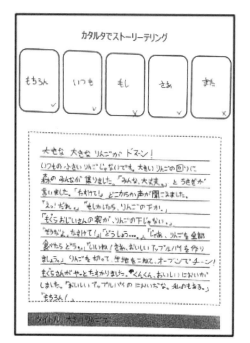

図25　完成作「大きいりんごで」
（2020年12月創作スタディ：学生L、学生J、学生G）

生Lが「もし、（りんごが）腐ったら」を使って話を展開させようと試みますが、「もし」を生かそうという認識は共有するものの、「もし腐ったら」というアイデア自体は採用されず、意見交換が続けられます。

次に学生Lの発言（056L）で、改めてりんごの下のもぐらに注目が集まり、「助けて」というもぐらの声に対する森の仲間たちの反応として「もし、りんごの下に閉じ込められたもぐらじゃない？」（061G）という台詞が提案されます。ただし、提案した学生G自身、「もし」の使い方に確信が持てないようで、「意味があっているか」（063G）、とメンバーに問うています。これに対して学生Lは「合っている」と答えていますが、韓国語で「만약？（万一、もし、仮に、もしや）」「혹시？（万一、もしも、仮に）」など言い換えてみているところを見ると、学生Lも必ずしも確信を持てたわけではないようです。しかしながら、それでも「もしかして」や「もしかしたら」といった、文脈にあった表現を思いつくには至りませんでした（064L）。結局、このまま「もし」を「もし、りんごの下？」という一文で用いています。

この例に見られるように、カタルタのことばは、話の展開を考える呼び水になる反面、そのことばを使う際には、ある種の制約として働くという側面もあります。すなわ

ち、そのことばをどの程度理解しているか、前後の文脈に合わせて使いこなせるかどうかということばの語用論的な知識も問われます。まったく自由に書くとなると、使いやすいことばばかり使ってしまいがちです。少しハードルが上がるかもしれませんが、普段使わない語彙にチャレンジするよい機会になります。

026J	【みんなアップルパイを作ろう。】
027G	なんかもっと話をして結果が出ることがいいと思いますが。
028L	もしかしたら、これが【このままくさったらどうしよう】こうしよう。そうするともしを使うことができる。
029J	あ〜
030L	【もしこのままでくさったら？】じゃ、ここにその内容を入れる？

（略）

056L	そのままトゥドジ（もぐら）で。りんごの下から。トゥドジが日本語でなに？【もぐらの声が聞こえました】？

〔書き留める〕

057L	トゥドジ（もぐら）
058J	もぐら？　もぐら
059G	下から
060L	もぐらの声が
061G	【もし、りんごのしたにもぐらじゃない？】それか、そこで、助けてと言ったが、動物たちが【え？　どこから聞こえる声？】と言って一人が、【もし、りんごの下に閉じ込められたもぐらじゃない？】
062L	あ〜。
063G	もしがそんな意味であってる？
064L	はい、合ってると思います。もしかして？　もしかしたら？
065G	じゃあ、もぐらが【そうだよ。】
066L	【助けて。どこから聞こえました。】すると、だれかが【だれ？】と叫んで、【もしりんごの下のもぐらさん？】なんかそんな感じってあるじゃん。絵本に出てくる象さんみたいな、象おじいさんみたいに、もぐさん？
067J	あ、もぐらおじいさんは〔りんごで穴が塞がって〕出ることができないかもしれない。
068G	うん、うん。

069L	お、もぐらおじいさん。
070J	そうして、【もしりんごの下？】それか、【ここ？】と言って【もぐらじいさんの家じゃなかった？】

3.3 教師も参加してことばを確認する

　最後に取り上げるのは、一度、書き上げたストーリーの日本語表現を教師とともに推敲している場面での日本語でのやりとりです。学生たちが書き上げたところを見計らって、教師が声を掛け、学生が読み上げながら共に表現を確認しています。書き上げた時点での物語には、カタルタの5つのことばの中から「もちろん」「いつも」「もし」「さあ」の4つが使われていますが、教師との推敲では、「さあ」と先にみた「もし」の使い方が問題になっています。「もし」については、教師から、この文脈には「もしかして」「もしかしたら」の方が相応しいという意見が出され、「もしかしたら、りんごの下か」に修正されました。

　学生Lが「さあ、りんごを全部食べたらどう？」という一文を読み上げたのを受けて、教師が、「じゃあ」の方がいい、もし「さあ」を使うなら「さあ一緒にしましょう」という表現になるだろう、と意見を述べます（156）。これを受けて、学生Lが「じゃあ、りんごを全部食べたらどう？」にして、「さあ、一緒に食べましょう」という表現ならいいのではないかと提案し（156）、「さあ、おいしいアップルパイを作りましょう」という表現を加えることで意見がまとまります（157L）。最後の学生Jの「解決した〜」（159J）という発言からは、カタルタのことばが「3つは使えた」（153L）という達成感が伝わってきます。

136J	そして、もちろんと言って終わろう。
137L	〔書く〕【おいしいアップルパイの匂いだな。私のもある？もちろん】
138L	〔カタルタ〕4つ使った。このぐらいで満足。

〔教師が様子を見に来る〕

139教師	どう？（※以下、140〜159は日本語での会話）
140L	〔読み上げる〕【大きな大きなりんごがドスーン。**いつも**の小さいりんごじゃないです。大きいりんごの下に森のみんなが集まりました。「みんな、大丈夫。」】
141教師	りんごの下に？
142L	まわりに？
143教師	うん、「周り」の方がいいかも。「下」だと、さっき、もぐらもいたし。
144L	〔続きを読み上げる〕【「みんな大丈夫？」とうさぎが言いました。「助けて！」】
145教師	えっと、それはいいけど。集まった？　ました？　どっちにする？〔シートには「集まった」と記入されていたため確認している。（011L参照）〕
146L	ました。
147教師	【集まりました。】
148L	〔続きを読み上げる〕【「助けて！」どこから声が聞こえました。」】
149教師	「どこからか」がいいな。「どこからか。」
150L	〔続きを読み上げる〕【「えっ！　だれ？　もしりんごの下か？」「もぐらおじいさんの家が、りんごの下じゃない？」】
151教師	**もし**？　の時、これ多分、日本語と韓国語使い方違うから、これだったら、「もし何々だったら」とかになるんだよね。これなら「もしかして」、「もしかしたら。」
152J	あ〜
153L	でも〔カタルタ〕3つは使ったから。
154教師	じゃ、これを「もしかしたら」に変える？
155L	〔続きを読み上げる〕【「もしかしたらもぐらおじいさんの家がりんごの下じゃない？」「そうだよ。たすけて！」「どうしよう…。」「**さあ**、りんごを全部食べたらどう？」】
156教師	「**さあ**」？　うん…　これだったら「じゃあ」がいいな。「**さあ**、一緒にしましょう」とか。
157L	あ〜じゃあ、ここは〔じゃあ〕にして、ここで【「**さあ**、みんなで作りましょう。」】
158教師	うんうん。いいね。
159J	解決した〜
160L	〔書き直す〕【**さあ**、みんなでおいしいアップルパイを作りましょう。】

ここまで見てきたように、「カタルタ×絵本」で物語を
つくる場合でも、その話し合いのプロセスでは、「日本語
学習的コミュニケーション」が見られます。そこで用いら
れる言語は、学習者同士が話し合う際のように母語であっ
ても、学習者と教師が話し合う際のように目標言語（日本
語）であっても構いません。

3.4　物語を立ち上げる際に必要なこと

　以上、「カタルタ×絵本」を使ってグループで物語づく
りをする際のやりとりを詳しくみてきました。物語を立ち
上げる活動において大事なのは、創作のための「しかけ」
です。母語で創作をやったことがある学生もいれば、そう
でない学生もいます。もし、自由に物語を書けと言われた
ら、初めて創作に取り組む学生や、書くのが得意でない学
生は、どこから始めたらよいか戸惑うことでしょう。

　しかし、カタルタがあれば、カタルタの「ことば」が物
語を考える際の手がかりとなり、また、この限られた条件
の中で最善を尽くして物語を完成させたということが意味
を持ちます。この条件の中でよく作った、と自分でも思え
るし、他の人も感心してくれます。カタルタが書き手の創
作における負担を軽くしてくれるのです。また、いつもの
授業では絶対に使わないようなカタルタを教室に持ち込む
ことで、ぐっと「遊び感」が出ます。いわゆる教材っぽく
ないアイテムが、気軽にやってみようという気持ちにさせ
てくれます。カタルタは学習者を「その気」にさせてくれ
るのです。

　今回、物語を創作した学生たちの声から、実際にカタル
タを使って創作してみた感想を聞いてみたいと思います
（原文ママ）。

・思ったよりカードの単語をぜんぶ使うことが難しかっ

たです。でも話しを作ることはおもしろいでした。は
じめの文章が決められたからは（決まってからは）、だ
んだんストーリーを進行することはよかったです。み
んなで作るストーリー、おもしろいでした！（学生L
括弧内筆者）

・接続詞が決めて（決まっていて）、前より難しいです。
でも、ストーリーを作りなから、知らない接続詞の使
いの学ぶことができました。（学生J　括弧内筆者）

・みんなでなんこの単語でおもしろいものがたりを作り
ました。最初タイトルを聞いたときは、むずかしそう
でしたか実際やっているとけっこすばらしいものがた
りができてうれしいでした。また、こんな日本語でス
タディーのきかいがあったらいいな思います。（学生G）

　カタルタを使うことで、物語づくりのハードルが下が
り、普段の作文やレポートでは発揮できない想像力を思い
切り使って、学生たちは楽しみながら日本語を使い学んで
います。先に述べた通り、手放しに自由に書いてよいと言
われるより、制約や手がかり（きっかけ）があったほうが、
かえって創造的になれます。カタルタを使うことによって
日本語の教室を「とにかく楽しく書く」という創作の場に
します。

　この活動は、日本語学習者にとって、直接的にはカード
に書かれている「ことば」（主に接続詞や副詞）の意味が理
解できているか、それをうまく使うことができるかという
学習になりますが、なにより短い物語であっても一つの作
品を自ら作りあげることで、大きな達成感を得られます。
また、物語の始まりの一文は全員同じですが、引いたカー
ド次第で物語の展開や内容が大きく変わってくるため、自
分が「書く」楽しみだけでなく、仲間のストーリーを「読
む」楽しみも生まれます。

日本語創作ゼミでは、詩や物語などほかの作品とともに学生一人1冊ずつ製本しています（図26参照）。作品集として形に残すということが創作時のモチベーションともなり、完成した冊子は学びのポートフォリオとして手元に残ります。

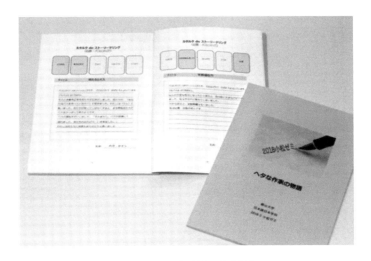

図26　A5サイズに製本した作品集

【カタルタ×絵本】におすすめの絵本

バスにのって

著　者：荒井良二
出版社：偕成社
発行年：1992

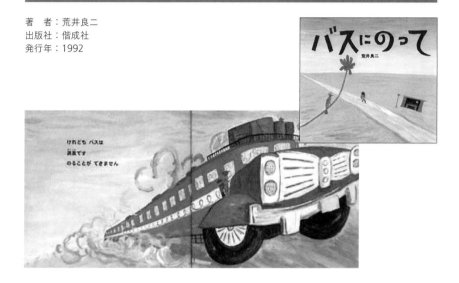

この絵本をおすすめする理由

明るい色づかいと絵のタッチが大学生にも好評です。この絵本を使った創作で面白かったの
は、日記風とファンタジー風の二通りのお話が作られたことです。学習者が書きやすいスタ
イルで書けます。

「カタルタ×絵本」のヒント

・見開き２ページ目の「空はひろくて　風は そよっとしています　まだバスはきません」
　まで読み、カタルタを引きます。
・一人で創作しても、グループで創作しても楽しめます。

学習者による創作例

・バスが来ない理由をあれこれ考える話
・母の言いつけを守って、バスを待つ話
・空にいるハゲワシに頼んで、雲の世界を見に行く話
・鳥たちが故障したバスを引っ張ってきてくれる話　等々

りんごがドスーン

著　者：多田ヒロシ
出版社：文研出版
発行年：1975

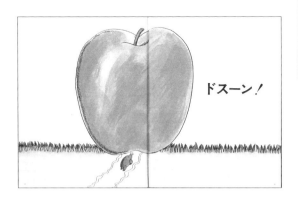

この絵本をおすすめする理由

「りんごがドスーン」は、タイトルと表紙の絵のインパクトから十分にさまざまなストーリー展開を想像できます。これまで実践した「カタルタ×絵本」のなかで最も取り組みやすい作品です。

「カタルタ×絵本」のヒント

・見開き2ページ目の「ドッスーン」まで読み、カタルタを引きます。
・ひとりで創作するにも、グループで創作するにも使いやすい絵本。よく見られるのは「りんご」に注目してストーリーを考えるケース、絵に描かれている「もぐら」に注目して物語をつくるケースです。

学習者による創作例

・桃太郎ならぬ「りんご姫」のお話
・よくばりなもぐらのお話
・もぐらを助けるためにりんごを使って、おおきなおおきなアップルパイをつくるお話
・りんごに飽きた村人がいちごが落ちてくる町を探しに出ていくお話　等々

あかい　ふうせん

著　者：イエラ・マリ
出版社：ほるぷ出版
発行年：1976

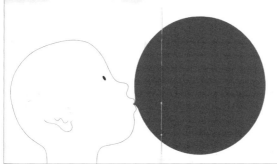

この絵本をおすすめする理由

グラフィックデザンの魅力を存分に味わえる、ことばのない絵本。簡潔だからこそ、見る人がさまざまなイメージや想いを投影することができます。

「カタルタ×絵本」のヒント

・文字なし絵本なので、どこからストーリーをつくっても良いです。
・一案としては、タイトルを読み、見開き４ページ目のあかいふうせんが飛んでいくシーンまで見せたあと、カタルタを引きます。

学習者による創作例

・あかい風船とあおい風船が出会い、友達になる話
・風船のゆくえを追う話
・アイドルグループのふうせんをつかったイベントで起こるサスペンス…？　等々

ふゆ

著　者：こうのあおい
出版社：アノニマ・スタジオ
発行年：2012

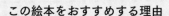

そらでは　くもたちが
くっついたり　はなれたりして　あそんでいます

この絵本をおすすめする理由

デザイン性が高く大学生に好評でした。ことば数が少なく、詩的な印象を与える点も、想像を膨らませる余地があるので良いです。いくつかの言語で翻訳されており、協働翻訳でも使用しました。

「カタルタ×絵本」のヒント

・見開き2ページ目の「そらでは　くもたちが　くっついたり　はなれたりして　あそんでいます」まで読み、カタルタを引く。
・詩的でことばの「余白」が多いので、どこからでも続きのストーリーが考えられそうな絵本。

学習者による創作例：

・傘をさしている人が雷にあたる理由（縁起譚）
・孤独な「木の一生」を見守る空の話
・韓国の檀君神話のリライト
・雨乞いの話　等々

もりのおふろ

著　者：西村敏雄
出版社：福音館書店
発行年：2008

この絵本をおすすめする理由

絵がかわいいと大学生に好評でした。いくつかの言語で翻訳されており、協働翻訳にも使用しました。繰り返しも多く、「ごしごし　しゅっしゅ」というリズム感も楽しいです。

「カタルタ×絵本」のヒント

・表紙は見せず、扉ページのタイトルを読んだあと、「もりの　おくで　おふろが　わいています。」まで読み、カタルタを引きます。
・表紙にはライオンが描かれているが、扉ページにはだれも描かれていません。さまざまな登場人物を想像する余地があるので、最初は表紙は見せず、扉ページのみ見せるのがおすすめです。

学習者による創作例

・魔女だけが知っている透明なお風呂の話
・うさぎときつねが登場するイソップ童話のような話
・願いをかなえてくれる風呂と欲深い男の話
・勇者が登場する話　等々

でんしゃにのって

著　者：とよた　かずひこ
出版社：アリス館
発行年：1997

この絵本をおすすめする理由

語り出しの設定がシンプルで、いろいろな話の展開が考えやすいです。やさしい色づかいとシンプルな線で描かれた主人公のうららちゃんの絵も良いです。

「カタルタ×絵本」のヒント

・扉ページの「タイトル」と「うららちゃんは おばあちゃんのところへ ひとりで でかけます」まで読んで、カタルタを引きます。
・各自の作品を読んだあと、『でんしゃにのって』を読み聞かせると、学習者が作った物語とはまったく異なる話の展開（ギャップ）に驚くこと間違いなしです。読み比べるのも面白いです。

学習者による創作例

・赤ずきんちゃんを思わせる話
・入院したおばあちゃんを心配して訪ねる話
・おばあちゃんから、うららちゃんがお誕生日のサプライズをしてもらう話
・おばあちゃんのところへ向かう途中、不思議な川の水を飲んで透明になってしまう話　等々

とんとん　とめてくださいな

著　者：こいでたん・文、　こいでやすこ・絵
出版社：福音館書店
発行年：1992

この絵本をおすすめする理由

ちょっぴり不安な場面設定からどのようなお話の展開が考えられるか、怖い話になったりハッピーエンディングになったりと面白いです。

「カタルタ×絵本」のヒント

・見開き2ページ目の「『とんとん　とめてくださいな』ところが、いくらたたいてもへんじがありません」まで読み、カタルタを引きます。
・見開き3ページ目の「～いえのなかには、だあれもいません。」からでも同様にいろいろな話の展開が考えられます。

学習者による創作例

・神があらわれ、主人公のねずみたちが神の使いになる話
・ねこやおおかみに食べられてしまう話
・ひとり暮らしのおかあさんに温かく迎えられ、一晩を過ごすこころ温まる話　等々

注

［1］「対話型鑑賞」と呼ばれることが多く、対話を通して絵を鑑賞することを指し、美術教育領域ではさまざまな実践・研究が行われています。本実践ではフィリップ・ヤノウィンの「VTS」(Visual Thinking Strategies)、上野行一の「対話による美術鑑賞」、三森ゆりかの「絵の分析」などを参考に鑑賞活動(ビューイング)を行いました。なお、本書では「絵の鑑賞」「絵の分析」「ビューイング」をいずれも授業実践の中で「絵をよく見て考え、表現する（ことばにする)」活動を指すものとして用います。

［2］絵というテクストを注意深く見るということは、現代のコミュニケーションにとって欠かせない視覚言語を学ぶこととされます。早くからビジュアルリテラシーの重要性を指摘してきた美術の領域では、さまざまな実践が積み重ねられています。特に、構成主義的な学習理論を背景とした「対話型の美術鑑賞教育」では、集団の対話によって作品の意味をつくりだす意味生成的なプロセスを効果的な学習形態とみています（上野2014)。多様な読み解きが可能な「絵」は、学習者間に生まれる読み解きのズレが、活発な討論を引き起こします。また、集団での対話による「鑑賞」は扱う対象が「視覚的なもの」であるため、教師は該当箇所を指さすことによって学習者の発言の拠り所をきちんと示すことができ、他の学習者はディスカッションされていることを目で確認することができます。絵というテクストは、よく見て、考え、意見を交わすことで、学習者一人ひとりが自らの思索を深めることを促します。活発な議論によってそれまで自分が見落としていたことにも気づくことができ、学習者同士の読みを共有することで、自分ひとりでは成し得なかった豊かな学習が可能となります（ヤノウィン2013/2015)。このように対象について自分なりの意見を持ち、その根拠を提示するという対話による鑑賞教育が促すスキルは、日本語教育を含め言語教育で求められるスキルに合致するものです。

［3］作品の選定について述べておきたいと思います。「絵の鑑賞」において、絵は学生たちの関心を惹きつける仕掛けです。したがって、対象となる作品は慎重に選定される必要があります。「絵の鑑賞」では、作品の主題は学生たちにもわかりやすく親しみのあるもので、なおかつ、学生の観察、想像、感情を刺激する謎めいた部分も含まれているものが望ましいとされます。本実践の主眼は、絵をよく見て考えることであり、根拠に基づいて推論し、自らの意見を表明する言語活動にあります。そのため本実践では主に具象画を用いています。一枚の絵について徹底的に話し合うことを通して、討論の技術や論理的思考力を身につけさせる鑑賞活動には、抽象画やモダンアートではなく、具象画が適しているといえます（三森2002)。

本実践の最初の一枚「たき火」は、三森（2002)の挿絵として用いられているものです。シンプルな絵で主題もわかりやすいですが、よく観察すると登場人物や季節などについて描かれていることをもとに読み取れる情報が多いです。2つ目の作品「入院」は、ここには詳細

を示しませんでしたが、三森（2002）の「絵の分析」で実際に使われているものです。「たき火」も「入院」もビューイング活動の導入時に適しています。3つ目の「風神雷神図」は、日本研修を控えた作文クラスでのみ使用しました。日本に行くことを前提に受講している学生と日本らしい絵を見る機会を持ちたいと考え、上野（2014）で紹介されている実践事例を参考に「鑑賞」しました。このようにビューイングに日本画を用いることで、言語学習としての日本語授業と日本文化の学習を結び付けることも可能です。4つ目と5つ目の作品はいずれも絵本から選定したものです。みやこしあきこ『たいふうがくる』（BL出版、2009）は絵本作家みやこしあきこのデビュー作で、木炭と鉛筆でディテールまで細かく描き込まれたモノクロが印象的な作品で、絵だけを見ても十分に物語が読み取れます。本作は2009年「ニッサン童話と絵本グランプリ」の大賞を受賞しています。また、みやこしあきこ『よるのかえりみち』（偕成社、2015）もジグソー・ビューイングによく用います。丁寧に描き込まれたみやこしの作風は大人の読者からも高い支持を得ており、大学の授業でも十分に楽しめる作品といえます。最後に、いまいあやの『ベルナルさんのぼうし』（BL出版、2014）は、繊細なタッチのかわいらしい絵と心温まるストーリーが人気の作品です。作家のいまいあやのはロンドン生まれで、武蔵野美術大学で日本画を専攻し、イタリア・ボローニャ国際絵本原画展で何度も入選した経験を持つ注目の絵本作家です。ここまでのビューイング活動で用いた絵に比べると、いまいの作品はやや抽象的なイメージを含んでいますが、ストーリー性のある繊細な絵が高く評価されているだけあって「絵の鑑賞」も十分に可能です。このように視覚的テクストと文字テクストの2つからなる「絵本」という媒体を用いることは、ビジュアルリテラシーを高めるというビューイング活動の意に適うものと思われます。また、いずれの絵本も韓国語に翻訳されているため、絵の鑑賞を終えたあとには、一部を学生たちが翻訳した後、日本語版と韓国語版を読み比べる時間を設けたりするなど発展的な活動も可能でした。なお、絵本等を教材として使用する場合、事前に出版社を通して著作権者の許可を得ることが必要です。また、ワークシートにして配布する場合、必ずコピーライト、出典を明記するようにしましょう。

[4] 複数専攻とは、複数の学科を同時に履修し、同時に複数の学位を取得する制度のことです。韓国では就職難ということもあり、自分の専攻に加えて、就職に有利になりそうな学科を複数専攻として履修する学生が多くなっています。主専攻が日本語学科で複数専攻としてホテル経営学科を履修する、逆に主専攻がビジネスマーケティング学科で複数専攻として日本語学科を履修するといったケースがあります。大学によりますが複数専攻の科目は2年生から受講することが多いため上級者向けの日本語学科専攻科目であっても複数専攻の学生が受講する場合、日本語の使用に慣れない学生が席を並べるということも往々に

してあります。もちろん、なかには幼い頃から趣味で日本語をやって
いたという上級レベルの学生もいますので、複数専攻の学生が必ずし
も日本語力が劣っているというわけではありません。

[5] アートカードとは、数十種類のアート作品がプリントされているカー
ドセットのことで、楽しく遊びながら美術鑑賞への関心を高める教材
として1980年代にアメリカで開発されたものです。近年の美術鑑賞
教育では、コミュニケーション能力を高めるという観点から、「見
て、考えて、伝える」という行為が重視されています。アートカード
の遊び方として、「あるカードとあるカードを比較する」、「ランダム
にカードを組み合わせて即興で物語を作る」などがあり、「よく見て
考える」「言葉で伝える」といった鑑賞教育のエッセンスが集約され
ています（青森県立美術館HP参照）。アートカードはさまざまな美術
館で独自のものが制作され貸出されていますし、自作も可能ですが、
「国立美術館アートカード・セット」のように鑑賞教材として市販さ
れているものもあります。

第3章
即興

1 ┃ 学習の方法論としての「即興」

　創作を助けるもう一つのしかけに、「即興」があります。「即興」は、単に時間的制約の中で創作を可能にするというだけではありません。「即興」は、直感的に生まれるアイデアや表現したいものを引き出す方法であると同時に、「即興」そのものが創造的想像を生むものであり、その即興的なプロセスがまさに学びとなります。

　学習者は、「いま・ここ」で起きていることに全神経を集中させ、その場で思いついたものや、ひらめいたものから想像を膨らませ創作します。このように「即興」は、創造的想像（ファンタジー）の状態を創り出すのです。この「想像性の空間」での創造的な学びとは、すなわち、本書でいうところの「ファンタジーの思考往還機能」が働くファンタジー能力が発揮される場です。「即興」は、「想像性の空間」における創造活動を通じた学習方法そのものです。創作による学習を支える学習理論と、学習としての「即興」を支える学習理論は共通の基盤を有しており、学習の方法論としての「即興」の活用は、創作活動と非常に相性が良いといえます。

　重要なことは、「即興」は創作を助ける手法であるというだけでなく、従来の教室における学習活動そのものを問

い直す概念だということです。従来の日本語学習は、始める前から見通しが立つ予定調和的なものであり、事前に入念に準備された静的なものでした。それに対し、学習方法としての即興は、前もって準備されるものではなく、予見できない意味状況の中で、臨機応変に、直感的にアイデアを表現し、意味を生成していくような力動的な言語活動を実現するものです。また、協働的な「即興」においては、参加者相互のコミュニケーションにおける動的な意味状況の中で、参加者同士が共感的に支援し合いながら意味を創造していくような言語活動が経験されます。「即興」という学習方法は、学習者一人ひとりの創造的想像力に働きかけるものであると同時に、教室のような協働的な場での「即興」は、より社会的で関係論的な創造的プロセスとしての学習を実現するものです。「即興」は「社会的で創造的なプロセスであることを経験できる、教え込みでない学習方法」（ホルツマン 2009/2014: 95）であり、予見できないものに対する創造的な対応能力だけでなく、予見できないものごとを生成する能力の発達をも支援するものとなります。予定調和的な学習では、分かっていることだけをする予測可能な範囲での学習しか経験できません。全く知らない世界に踏み出し、自らが成長していくことを支援するような教育を目指すのであれば、日本語の学習にも「即興」的な視点が欠かせないでしょう。

2 | 即興的かつ協働的な詩作としての「連詩」

2.1 　付け合いの「連詩」

　　上條晴夫は、ヴィゴツキーを再評価するホルツマンらの学習観・発達観を「即興型の発達ディシプリン」と呼び、従来の「蓄積型」の教育活動に対する「即興型」の学習活動を実現するという観点から、「連詩」の即興型の言語学

習材（学習活動）としての可能性に注目しています[1]。筆者も日本語創作ゼミを始めとしていくつかの授業で付け合いの「連詩」を行ってきましたが、教室活動として行う創作活動の中で、「またやりたい」という声の多い活動の一つです。

【ことば×即興】付け合いの連詩	
この連詩の手法は、詩の創作法として学校教育に取り入れられているほか、心理療法のアートセラピーやフォーカシングなどの手法としても活用されています。大岡信によれば、連詩は「座の文学」とも呼ばれる日本の古典的な共同詩作である連歌や連句からヒントを得たもので、「詩の作者同士の間で、生き生きとした対話」を求めるという連歌・連句を受け継ぐ、新しい詩の創作手法として開発されたものです。連詩では、互いに詩の行の「付け合い」を繰り返すことによって「いま・ここ」での想いや感情を共有し、仲間とともに楽しみながら「つくる場」を共有することができます（上條2017）。	
レベル	初級後半〜
人数	1グループ4〜6人が理想的。
目安時間	10〜40分（1グループあたりの人数が多いと時間がかかる。）
用意するもの	紙、ペン
進め方	①4〜6人でグループをつくる。（※輪になって座れるとなお良い。） ②全員に記入シートを配布する。 ③お題（テーマ）を決める。（例：花、新学期、「いま・ここで感じていること」など） ④各自、お題から連想されることば（詩句）を一文書く。（※学習者の母語が同じ場合、母語と日本語の両言語併記とする。そうすることで「即興的な発想」を促し、学習者間に多少の日本語のレベル差があっても、即興性を維持し「いま・ここ」の場を共有した臨場感のあることばの付け合いが容易になる。） ⑤記入シートを隣の人に渡す。 ⑥前の人の一文を読み、連想したこと（詩句）を一文書く。 ⑦自分が書いた一文（詩句）だけが見えるように記入シートを折って、次の人に渡す。 ⑧グループのメンバーに一巡するまで、同様に続ける。

進め方	⑨自分のシートが戻ってきたらシートを広げ、最初から最後まで読み通す。場合によっては、最後の一文を付け加えても良い。（※この時、付け合った詩の全貌が初めてわかる。）そして、その全文に合うタイトルをつけ、一つの詩として完成させる。 ⑩グループ内でそれぞれの完成した連詩を披露し、鑑賞し合う。 ⑪グループの中で最も気に入った作品を選定する。（※どの作品が選ばれても、どの作品にも自分の書いたことば（詩句）が含まれている。） ⑪教室に複数のグループがある場合は、各グループから選定された作品を1作品ずつ披露し、教室の全員で鑑賞し合う。
ヒント	・1回目は教師からお題を出し、2回目以降は学生たちにお題の案を出してもらうと良い。 ・10名前後のクラスで、時間に余裕があるようであれば、小グループで1作品つくったあと、全員で作るのも一体感が出て楽しい。
参考文献	・上條晴夫（2017）「教材開発：連詩の持つ学びの意味・学びのしかけ」『東北福祉大学教職研究』、pp.123-134 ・福田尚法（2013）「連詩を楽しもう！：就活連詩・仕事連詩のグループワーク」『フォーカシングはみんなのもの：コミュニティが元気になる31の方法』（村山正治監修）創元社、pp. 86-89

2.2 作品の紹介

　図27は、日本語創作ゼミで学生たちが創作したものです。ちょうど中間試験のシーズンだったということもあり、お題は「中間テスト」でした。このときは6人1組になって創作しました。連詩の手順は次の通りです。まず最初に、全員に一枚ずつ白紙の紙を配布します。各自、お題「中間テスト」と聞いて思い浮かぶこと（連想すること）を1行目に書きます。書き終わったら、隣の人にそのシートを渡します。シートを受け取った人（2人目）は、1人目の人が書いた1文を読んで、その文から思い浮かぶことを1行書きます。書けたら隣の人（3人目）に渡します。ただし、このときに2人目の人は自分が書いた1文だけが見えるように紙を折って渡します。3人目の人は、1人目の人

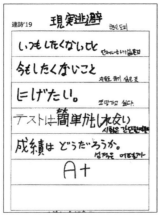 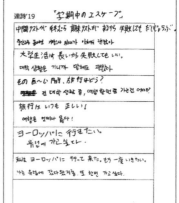

図27 日本語創作ゼミ受講生（各6人組）が創作した連詩2作品
お題は「中間テスト」

が何を書いたか分かりません。3人目の人は、2人目の人
が書いた1文だけを見て、そこから連想することを1行書
きます。こうして6人目まで、自分の1文だけが見えるよ
うにして隣の人にシートを回していきます。伝言ゲームの
ように、一つ前の人が書いたものしかわからないので、最
初のお題からはまったく想像できない1文がまわって来た
りするわけです。ぐるっと1周して、最初の人のところに
シートが回ってきたら、すべてを読みます。これが1つの
詩です。最後に、この詩に相応しいタイトルを付けます。
　タイトルがついたら、6人で順番に自分の詩を披露し合
います。その中からみんなで相談してグループのお気に入
りの詩を一つ選び、他のグループに披露します。このと
き、どの詩が選ばれても、必ず自分が書いたフレーズが入
っているというところが連詩のいいところです。
　連詩は、創作過程の「わくわく感」と完成作品の「偶然
性・意外性」、そして、ことばの付け合いによって仲間と
共に作っていくという共同制作の「面白さ」もあって（近
田・日笠編2005）、日本語創作ゼミの中でも人気の高い活動

です。実際、学生たちに感想を求めると、「すごくおもしろかった」（3年）、「一番もおもしろくて参加した」（2年　原文ママ）という声が返ってきます。

　たとえ完成した作品の内容が突拍子もなくまとまりのないものであっても、「変な内容で流れてて面白かった」（2年　原文ママ）という声にもあるように、それはそれで「みんなバラバラで面白かった」（2年）、「言葉が続くのがたくさん面白かった」（4年　原文ママ）と感じられるようです。また、ときには「意味のないことばが、みんなと会ってうつくしいことばになって」（原文ママ）、驚くような作品ができることもあるし、なによりも、互いにことばを「付け合う」ことによって「みんなの思いをよくわかることができた」（4年）と感じられ、仲間と共になにかを生み出しているという一体感やある種の仲間意識が感じられるようです。

　さらに「連詩」を体験した学生たちの感想を見てみましょう（原文ママ）。

・前に何があったか、知らないまま書くことも楽しいです。最後は、なぜか詩が完成できて、ふしぎです。誰かいたずらでもしたら全々違う詩になってしまう。(4年)
・前の文章をしらないままで書いたのにおもしろい話ができてたのしかったです。ともだちといっしょにやってみたいと思います。(3年)
・一つの文章しか読まない時、前にはどんな話だったかなーと思いながら話をつづくのが難しかったです。

(4年)

・前の人のことだけ見て書いたのだか、なんとなくストーリがなるのかおもしろかった。私の詩のはじめが抒情的な文章だったので、みんなその雰囲気に合うようにかいてくれてよかった。(4年)

・私がみんなの感動をはかいしたかんじですが、とても
　たのしかったです！みんなの話しをおもしろくしたの
　も私かも！？（4年）
・予想外にちゃんとしたのがたくさん出て驚きました。
　　　　　　　　　　　　　　　　　　　　　　（3年）

　図28は、韓国放送通信大学の日本語キャンプ（夏季集中
クラス）の際に社会人学習者たちが創作したものですが、
連詩をすることで、顔を合わせて間もないメンバーたちの
距離がぐっと縮まりました。なかでも、「花のかおり」を
創作したグループは、できあがった作品が想像以上に統一
感のある「詩らしい作品」になったことに驚きを隠せない
様子で、教室はなんともいえない不思議な高揚感と心地の
良い余韻に包まれました。付け合いの「連詩」の魅力は、
最後に開けてみないと全体が見えないというところで、
「意外な展開があったり、離れているフレーズ間に不思議
な響き合いがあったり」（近田・日笠編 2005: 168）と、人と
の関わりの中で生まれる表現に驚かされるところにありま
す。図27と図28の連詩を比べてみると、人生経験豊かな

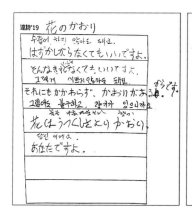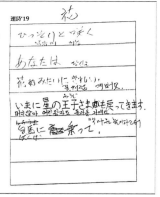

図28　社会人学習者（各4人組）が創作した連詩2作品
お題は「花」

社会人学習者の方が、付け合うことばが「詩句」であるということが意識されているように思われます。その結果、より「詩らしい作品」が生まれているようです。

　歌人の俵万智は、自身が国語教師であった経験から、豊かなことばの遣い手を育てるためには、知識を教えることに前のめりになり、ことばの豊かさを感じることへの配慮をおろそかにしてはならないとして、次のように述べています。

　　　生きた言葉は、この世界にあるものと、一対一で対応しているわけではない。「花」という言葉の意味は、辞書をひけば出てくる。これは知識として教えられる。でも、「花」という言葉を聞いて、思い浮かべるものは人によって違う。シンプルなことだけど、たとえばそんな言葉の側面を知って、人と話したりものを書いたりできるように育って欲しい。　　（俵2019: 59）

　図28で示した連詩のお題は「花」であり、俵の言うように、それぞれの学習者が持つ「花」のイメージによって、一つの作品が形づくられています。連詩は、仲間とともにイメージしたものを共有することで、ことばの豊かさを感じることのできる創作活動の一つだといえるでしょう。

2.3　連詩と即興性

　この連詩は、4人1組のグループであれば、おおよそ15〜20分程度で1篇の詩ができあがります（1グループの構成人数が増えれば、所要時間も増えます）。輪になって座り、隣の人が書き終えると、そのシートが自分のところに回って来るため、一人だけ1枚のシートの1文に何分も費やすということが許されません。それが「連詩」における「即興性」を生み出しています。

ここに例示した作品は、母語である韓国語と目標言語である日本語が併記されていますが、それはレベル差のあるクラスのなかで連詩の創作における「即興性」を担保する観点から行ったものです。これは、学習者の共通言語を活用することで下級者の負担を減らし、即興性を担保するとともに、即興から得られるアイデアを逃さず書き留めることをねらって始めたものではありますが、即興的にひらめいたアイデア（表現したいこと）を、母語と目標言語とバイリンガルで（多言語で）表現するということは、上級者にとっても意味のあることだと思われます。付け合いの「連詩」では、他の人の詩句（ことば）をしっかり読み、そこから生まれた自分の詩句（ことば）を表現します。学習者間に共通の言語があるのであれば、日本語と併記することで、即興性が維持されるだけでなく、他の人の詩句を読み、その思いを共有しやすくなり、内容や思いをしっかり理解したものを作品化することで、完成した際の達成感・満足感も高くなると思われます。

　三野宮春子は、「話者どうしが共感的に支援し合いながら意味交渉を行い、既有情報を共有して新情報を付加し合う談話が生産されていれば、真正な相互作用の特徴を備えていると考えることができる」（三野宮2018: 23）と述べていますが、さまざまなレベルの学習者が混在する教室において「連詩」をする際には、バイリンガルな創作が、学習者同士の「共感的な意味交渉」を支援し、その結果としてどの学習者にとっても、より気軽に日本語での詩作に取り組めるような環境を用意するのではないかと思われます。

3 ことば遊びと「即興」

3.1 超ショートショートづくりの試み

【ことば×即興】田丸式・超ショートショートづくり	
田丸式メソッドは、ショートショート作家の田丸雅智が提案する物語創作のメソッドです。でたらめなことばを作って物語を考えるというのは即興（インプロ）を使ったワークショップでも見られるようですが、田丸式メソッドを使えば、どのようにでたらめなことばを作ったらいいかというところから物語をつくるまでひと通りの流れがわかりやすいです。「どんなに作文が苦手な人でも、だれでもたった40分で物語が書ける」という謳い文句にあるように、だれでも気軽に取り組むことができるメソッドです。	
レベル	初級後半〜
人数	何人でも（個人）
目安時間	60〜90分
用意するもの	田丸雅智氏オリジナルの超ショートショート作成シート（公式サイトよりダウンロード可）
進め方	**【ステップ1】不思議ことばをつくる**（20分） ①テーマ（例: 春、好きなことなど）から思いつく名詞を20個ほどワークシートに記入する。どんな名詞でも良い。（約10分） ②先に挙げた名詞の中から好きなものを1つ選び、その名詞から連想されることばを書き出す。名詞、動詞、形容詞、副詞、文章など頭に浮かんだものは何でも構わない（約5分） ③上記①・②を組み合わせて、不思議なことばをつくる。（約5分） **【ステップ2】不思議なことばから想像を広げる**（約15分） ステップ1でつくった不思議なことばについて説明する。 ①それはどんなモノか。 ②どこで、どんなときに良いこと／悪いことがあるか。 **【ステップ3】想像したことを短い物語にまとめる**（約25分） 不思議なことばの説明を整理し、ストーリーに仕上げれば完成。 **【ステップ4】作品の披露**（約10分） それぞれ完成した作品を口頭で発表する。
ヒント	・筆者は、学習者の日本語レベルに応じて、田丸式メソッドで提示されている時間より余裕をもって実施している。 ・ステップ1でことばが思い浮かばないようであれば、母語で書き出してから翻訳して良いことにする。また、一人一つずつ紹介し合い共有すると、充実したワードバンク（ことばの素材を増やすこと）ができる。

ヒント	・物語が書けた学生から順に、教師がネイティブチェックを行う。
参考文献	・田丸雅智（2020）『たった40分で誰でも必ず小説が書ける超ショートショート講座　増補新装版』WAVE出版 ・田丸雅智公式サイト「海のかけら」（http://masatomotamaru.com）

　次に紹介する実践は、田丸式メソッドを用いた超ショートショートの創作活動です。田丸式メソッドは、ショートショート作家の田丸雅智が提案する物語創作のメソッドです。「どんなに作文が苦手な人でも、だれでもたった40分で物語が書ける」という謳い文句にあるように、即興的に物語を創作することを可能にするメソッドです（田丸2015）。田丸は小学生からシニアまで幅広い年代を対象に「田丸式メソッド」による物語の創作の講座[2]を開いており、著書『たった40分で誰でも必ず小説が書ける超ショートショート講座』（WAVE出版、2020）には、その様子が詳しく紹介されています。

　ここで紹介する実践例は、日本語学科の選択科目「日本語創作ゼミ」で実施したもので、2～4年生の希望者が受

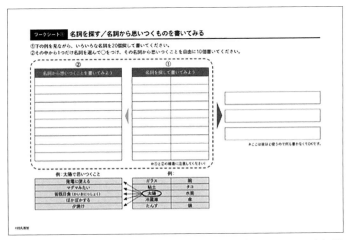

図29　田丸雅智氏のワークシート（田丸雅智公式サイト「海のかけら」より転載）

講しています。そのため、受講生の日本語レベルは初中級から上級までとさまざまですが、各自が、それぞれのペース（できる範囲）で取り組んでいます。

　まず、学生がどのように創作したのかについて、田丸式メソッドによる物語の創作過程をワークシートへの学生の記述をもとに具体的に紹介します。

3.2　3つのステップ

　田丸式メソッドは、オリジナルのワークシートを用いることで、誰でも気軽に創作に取り組むことができます（図29参照）。大まかな流れとしては、①ふしぎなことばをつくる、②不思議なことばから想像を広げる、③想像したことを短い物語にまとめるとなり、本実践で創作に充てた時間は50〜60分です。学生の日本語レベルにばらつきがみられることなどから、田丸式メソッドで提示されている時間に比べ、少し余裕をもって実施しました[3]。

　作品が完成すると、それぞれ日本語で読みあげて披露し合いました。作品の創作から完成、そして口頭での発表（10作品前後）まで含めると90分程度でした。教師は全体の進行を担いますが、各学習者の進捗状況を見ながら適宜、個別に学生への声掛けを行いました。たとえば、【ステップ1】で不思議なことばを作る際に、名詞や名詞から連想することばがなかなか思い浮かばず、次のステップに進めない学生には、いくつか例を挙げたり、韓国語で書き出してから翻訳してもよいと助言したりしました。また、書いたものを一人1つずつ紹介してもらい、クラス全体でシェアするのも良いでしょう。他の学生のアイデアの中で面白いと思ったものを自分のシートの空欄に書き留めるようにすれば、連想されることばのレパートリー（持ち札）を増やすことができます。【ステップ3】では、物語が書けた学生から順に、教師が添削（ネイティブチェック）を行

いました。

　学生は、この添削を参考に清書をし、作品を仕上げます。添削のポイントは、学習者の日本語レベルによって多少異なりますが、初中級レベルの学習者の場合には、助詞や動詞の活用など基本的な日本語の表現の確認を中心に行い、前後のつながりや日本語の読みやすさを重視しました。上級レベルの学習者には、それら基本的な日本語表現の確認に加えて、選択肢として考え得る表現をいくつか紹介し、自らが表現したいことにより近いものを選ぶよう促しました。おそらく、通常の作文授業での添削も同じだと思われますが、初中級学習者には日本語の基本的な表現形式を示すことを、上級学習者には表現のさまざまな可能性を示し、日本語表現の幅を広げる機会となるよう心掛けました。

　本実践では、「夏」と「秋」の２つのテーマで作品づくりを行いました。（今回は教師がテーマを用意しましたが、テーマもその場で学習者からアイデアを募って決めることもできます。）

　まず、初回は「夏」と聞いて思いつく名詞から不思議なことば（新しいことば）を作ります。学生Ａの創作過程を例に取ると、学生Ａは「夏」ということばから思いつく名詞として、「氷、砂浜、海、冷蔵庫、すいか、太陽、汗、花火、サングラス、セミ、風鈴、風、梅雨」を挙げました（ステップ1-①）。さらに、その中から選択した「冷蔵庫」から連想するものとして「涼しい、季節に合うものも合わないものもいっぱい、中身が保存される、たくさん入る、のこりもの、好きなものを入れる、区切りがある」と書き出します（ステップ1-②）。そして、最初の名詞と連想したことばを組み合わせて、「季節冷蔵庫」「使い残った太陽」「お好み花火」の３つの不思議なことばを作りました（ステップ1-③）。学生Ａはこの中から「季節冷蔵庫」ということばを選んで、200字程度の作品を創作しました（以下、

3.4で作品を紹介します)。学生Aは、不思議なことばをその
まま作品のタイトルにしましたが、物語が完成してから、
内容に合わせてタイトルを変えても構いません。

表12　学生の作品タイトル一覧（作品提出者20名）

学生	テーマ1「夏」		テーマ2「秋」	
	作品タイトル	字数	作品タイトル	字数
A（4年）	季節冷蔵庫	232	色が変わる紅葉	938
B（4年）	うるさいアイス	279	紅葉の赤ちゃん	619
C（2年）	プリプリ雲	130	天気はときどき馬注意報	673
D（4年）	不測のセミ	68	お出かけの本	546
E（4年）	ゾンビ・バッタ	225	記憶イチョウ	214
F（4年）	しんきろうブーツ	314	静寂な機会	1,143
G（4年）	せんぷうき旅行	227	痩せる雲	169
H（4年）	夏が始まるヒーター	186	葦まんじゅう	213
I（3年）	ダイエット冷麺	206	本の中に	234
J（3年）	台風の掃除	112	かけっこの試験	149
K（4年）	スイカクーラー	671	ハロウィンかかし	855
L（2年）	熱い海	180	気温を下げるトンボ	211
M（3年）	海へ行くセミ	77		
N（3年）	夏の奏でるフィナーレ	294		
O（2年）			秋のアメリカーノ	1,919
P（4年）			満月の扉	735
Q（2年）			夕焼けマッコリ	560
R（2年）			焚き火の物語	670
S（4年）			むきむき読書	536
T（2年）			ミステリー瞬間旅行パッケージ	1,203

※（　）内、学年

3.3　ワークショップ形式で「想像＝創造」プロセスを共有する

　　2作目の創作は簡単なワークショップ形式で行いまし
た。テーマは「秋」で、1作目と同じ手順でストーリーを
作った後、その作品のアイデアについて話し合う時間を設
けました。発表者は自身が作ったストーリーをクラスメー
トに紹介します（ストーリーが完成していない場合は、不思議な

ことばとその説明だけでも良いことにします）。他のメンバー
は、ストーリーを聞いて感じたこと、質問したいこと、新
しく思いついたアイデアなどを伝え、発表者の作品のイメ
ージがさらに膨らむよう意見交換します。発表者はメンバ
ーとの話し合いで得たアイデアを持ち帰り、それらを参考
にしながら次の回までに作品を完成させます。

　表12を見ると、1作目に比べ、ワークショップ形式で
行った2作目の方が比較的長い（字数の多い）作品が多いの
がお分かりいただけるかと思います。また、完成した作品
を読み合う場では、他のメンバーの作品がどのような形で
完成したかという関心から、他のメンバーの作品を読む楽
しみも生まれます。

　今回の実践では、受講生20人が創作に取り組み、32作
品が完成しました。

3.4　学生の作品紹介

　ここでは田丸式メソッドによって完成した学生の作品を
1つ紹介したいと思います。先に取り上げた学生Aの「季
節冷蔵庫」という作品ですが、創作の過程（ステップ1-①
や1-②）で連想した「砂浜、好きなものを入れる、使い残
った太陽」といったことばをうまく利用しながらストーリ
ーを完成させています。

学生Aの作品

> 「季節冷蔵庫」
> 皆さんの好きな季節はいつですか？　寒い冬に真夏の砂浜が恋しくな
> ったり、急に桜の木の下で雪合戦がしたくなったことはありません
> か？　そんな皆さんにピッタリ！　好きな季節を切り取って保管でき
> る季節冷蔵庫が出ました。使い方は簡単！　自分が好きな季節に冷蔵
> 庫のドアを開けておくだけです。でも、冷蔵庫の中に残った中身にはご
> 注意！　使い残った真夏の太陽でせっかくの雪が台無しになったり、
> 中に入れておいた秋の寒さに春の桜が全部落ちてしまう可能性があり
> ます。ご利用は計画的に！

イーガンは、言語意識を高めるものとして重要でありながら教育界ではほとんど注目されていないものとして「ユーモア感覚」の重要性を指摘しています。同音異義語や比喩による遊び、パロディーは言語の意識をさらに高めるものとして奨励すべきであり、「冗談は語彙を拡大できるし、言語を明確化し思考の対象にするという重要な過程の始まりとなる」（イーガン1997/2013: 225）とも述べています。通常のレポートや作文では、論理的な記述が求められ、このようなユーモア感覚を発揮できる機会はそう多くはありません。しかし、本実践のような創作では、学生は思う存分「ユーモア感覚」を発揮することができます。ここに紹介した学生Aの作品では、深夜のテレビショッピングのような口調とどこかのCMで聞いたような聞き覚えのある最後の決め台詞が笑いを誘います。このような表現の工夫ができ、各学生のセンスを発揮できるのが創作活動の面白いところです。

3.5　事後アンケートに見る学生の受け止め

　事後アンケートの自由記述から、学生の声をいくつか紹介したいと思います（原文ママ）。

- 今回はやはり単純な考えではなく、イメージをふくらませるのができてとても楽しかったです！（学生A）
- 一つの作品では一人の考え方や自分なりの世界があると思います。…ショートショート小説を作ることを通じてもっと私について考えてみたり思い出を思ったりするたのしい時間になったと思います。（学生B）
- テーマを選ぶことや内容を作り出すのは苦しかったけれども、一回考え出すとそこからアイデアがどんどん芽生えてきて書きたいこともたくさんあったし、面白いと思った。（学生D）

・創作は難しいけど残るものはちゃんとある。日本語の勉強でも良いのでまたチャレンジしたい。（学生K）
・ショートショートづくりは日本語で書くので難しかったですけど、その分日本語の勉強にもなったと思って楽しかったです。創作力のための時間だったと思います。いい機会になりました。（学生L）
・日本語をもっと上手ならショートショートで怪談や推理も書けるはずという惜しさが残ります。（学生M）
・創作活動は文系の私たちにとても重要なことだと思います。つくるのは難しいですが学ぶものも多いと思います。1年生の2学期ぐらいからは簡単なストーリ作り科目を専攻でやってもいいと思います。（学生O）

　上記の通り、自由記述には、想像を膨らませることが面白かったという感想や、思い出や自分自身を振り返る時間になったという感想がみられます。本実践が日本語学習の動機づけともなっていることが窺えます。

　なかでも特に注目されるのは、「難しいけれど残るものがある」「難しいけれど日本語の勉強になった」「難しいけれど学ぶものも多い」といった意見です。ここから推察されるのは、この創作活動が学習者にとって「自分ができることより少し難しいことに挑戦する学び」となっているということです。子どもがゲームに没頭しているとき、難しい問題も難なくクリアしてしまうように、難しさの中に楽しさがあるからこそ、その難しさを乗り越えられるし、そうしたプロセスの中には主体的な態度があります。そして、ここで学習者が言及している「難しさ」は、日本語の技術的な難しさに限定されるものではないということにも注意が必要です。もちろん日本語能力に起因する難しさもあるでしょうが、学生たちの多くが言及しているのは、創作すること（アイデアを生み出すこと）の難しさであり、"生

みの苦しみ"です。したがって、日本語での物語創作は初級だけでなく上級学習者にとっても、ある意味で「難しさ」のある学びとなります。学生たちは、新しいものを生み出すという「難しさ」に挑む過程の中で、日本語に向き合い、主体的に学んでいるといえます。

さらに、もう一点注目したいことは、「書くこと」と「読むこと」についてです。

・ゼミにおかげでいろんな小説を読みたい。（原文ママ）
・ショートショートの中にどんな作品があるのか一度読んでみたいです。
・たくさん読んだら日本語の勉強にもなるからいいと思います。
・短いので読みやすいし内容もおもしろいので読んでみたいです。

今回のアンケートでは「普段から読書をするか」の質問に19人中7人（37%）が「あまり読まない」と答えています。また、「ショートショートというジャンルを知っていた」と答えたのは19人中4人で、残りの15人（79%）がショートショートというジャンルを知りませんでした。ところが、創作活動後「ショートショートや小説を読みたくなったか」という問いに全員が読みたい（「読みたい」9人、「少し読みたい」10人）と答えています。

田丸雅智は、「人は自分で作品作りを経験すると、少なくない割合でそのまま読み手の側に回ってくれるものです。（略）書く楽しみを知ってもらうことが、ショートショートの読み手を増やすことにもつながる、とぼくは考えているのです」（田丸2015:23）と述べています。自分で作品を創作する活動は、良い読み手を育てることにも繋がると思われます。筆者は超ショートショート創作の前に星新

一の作品を数点紹介していますが、創作活動前後で読みの活動や多読につなげるということも有意義ではないかと思います。受講生の中には、活動後YouTube上にいくつかアップされている星新一のアニメ作品の動画を見て面白かったと話す学生もいました。

　田丸式メソッドは、「物語を書く」ことの敷居を低くしてくれます。それは、田丸式メソッドが持つ次の特徴からきていると思われます。

　・即興的に、短い時間で物語を創作することができる。
　・各自の日本語レベルで「書くこと」を楽しめる。
　・仲間との対話により「創作の場」を共有できる。

　事後アンケートの結果をみると、本実践を体験した学生の8割が面白かったと答え、機会があればまた創作したいと答えていました。この実践のように即興的に書く活動は、いつもの作文で求められる「正確さ」へのこだわりから距離を置き、「書くこと」に対する負担感を軽減すると言えるでしょう。また、書き始めるまで自分でもどのようなアイデアが生まれるか分からないという面白さと、形になった（作品が完成した）ときの満足感はなにものにも代えがたいものと思われます。

3.6　即興と推敲

　田丸式メソッドによる物語の創作は、即興的です。田丸式メソッドでは、与えられたお題（テーマ）に応える形で、その場で思いついたもの、ひらめいたものから想像を膨らませ創作していきます。学習者は、ファシリテーター（教師）によって提示されたお題（例えば、秋、日本、好きな物など）から、連想する名詞を書き出し、そこからさらに想像を広げ、それをもとに新しいことば（でたらめなことば）を

つくります。学習者はどのようなお題（テーマ）が出されるか、また、自分がどのようなことばを思いつくか、事前に予測することはできません。お題が与えられてから、新しいことばが生まれるまでの時間は、せいぜい15〜20分です。

　新しく生まれたことばは、作り手によって説明が加えられます。この説明こそ、物語の筋となるものです。学習者が「新しいことば（不思議なことば）」を意味づけ、説明することを通して、物語が立ち上がります[4]。ワークショップ形式で実施する場合には、そこからさらに互いにアイデアを出し合い、その場で仲間と協働して物語のイメージを膨らませていきます。それもまた即興的です。学習者は同じテーマ、同じ時間の中で生まれたバラエティに富む作品をクラスメートと共に楽しみます。この実践では「即興性」が創作活動の鍵になっているといえるでしょう。

　田丸式メソッドによる創作活動は、即興的に物語をつくる場に学習者を放り込み、それによって、学習者に即興的にことばを使い／つくりながら表現する場（即興行為のための状況）を提供します。偶然性、でたらめ、その場の思いつきによる即興的な物語づくりは、創作に気軽に取り組みながら、「書くこと」を楽しむことを可能にします。ここで言いたいのは、物語の創作活動は即興的であるべきだということではありません。即興的でも良いのだということです。すでに見た通り、従来の書く活動は、技術習得を目的としたものであれ、ピア・レスポンスのように内容を重視したものであれ、自己実現を目指したものであれ、いずれも「じっくり向き合って書く」ということが大前提にありました。もちろん、創作であっても、トンプソン（2016）の実践のようにじっくり向き合って書くこともできます。しかし、創作は即興的に書くこともできるのです。

　ただし、即興的に書くからといって、「書きっぱなし」

というわけではありません。即興的に創作された物語は、その後、推敲され、作品として完成されます。当然、推敲の過程では、日本語の表現が吟味され、語彙や文法の正確さにも関心が向けられます。

　学習者は、物語の創作を通じて、想像を膨らませ、ユーモアを発揮し、完成した作品をクラスメートとともに鑑賞します。とにかくやってみるという環境の中で、楽しみながら日本語を使い、学習者の「書く」意欲を引き出すことができるのが、即興的な物語の創作です。田丸式メソッドによる即興的な物語の創作は、日本語学習としての書く活動に、想像による遊びの場をつくり、学習者が自由に書き、書きながら学ぶ機会を用意するものといえるでしょう。

4 ｜ 予定調和的な態度を学びほぐす

　第2部では、即興的な創作活動として、付け合いの「連詩」と田丸式メソッドによるショートショートを取り上げましたが、その他、本書で取り上げたカタルタを使った物語づくりや「見立て」を活用した絵本づくりといった実践についてみても、従来の、まだ始めないうちから終わりが見通せるような「予定調和的」で事前に入念に準備された静的情報を伝えあう「非即興的」な学習法とは対照的です。創造的想像力を触発する学習は、学習方法としての即興と親和性のある学びだといえるでしょう。

　即興は、直感的に生まれるアイデアや表現したいものを引き出す方法であると同時に、「想像性の空間」における創造活動による学びそのものでもあります。学習者は、「いま・ここ」で起きていることに全神経を集中させ、その場で思いついたものや、ひらめいたものから想像を膨らませ創作します。また、協働的な「即興」においては、参加者間の相互行為のコミュニケーションにおける動的な意

味状況の中で、参加者同士が共感的に支援し合いながら意味を創造していくような言語活動が経験されます。

　とはいえ、このような即興的な学習法は、学習者だけでなく、教師にもまだまだ馴染みの薄いものです。三野宮春子も述べていますが、このような「学習としての即興」における相互作用のダイナミクスを理解するためには、まずは教育実践者や研究者自身が即興的なアクティビティや即興的な創作活動を何度も経験し、感性を磨き直し、従来の予定調和的態度を学びほぐさなければならないでしょう。

　　即興アクティビティの過程で学習者の思考や情動を推測する手掛かりを瞬時に見取り効果的に働きかけるには、ファシリテーターにも即興が要求される。即興の中核にあるのは、事前準備をすると失われたり弱まったりするもの、つまり、その場のダイナミックな意味状況との直接的で濃密な相互作用である。

　　　　　　　　　　　　　　　　　　　（三野宮 2018: 39）

　今後、日本語学習においても学習としての即興の実態を明らかにしつつ、学習方法としての即興を開発し、さまざまな学習の可能性を開拓していく必要があるでしょう。

　これまでの実用主義的な日本語教育では、正確さや流暢さ、言語知識の多さなどが注目されてきました。そして、そうした教育を支える研究といえば、学習の前後で産出される語数や速度、エラー数の増減がどうであるかといった測定や分析に多大な労力が費やされてきたわけです。ところがこうした研究蓄積は学習者の創造的想像力に働きかけ、「表現したいこと（ことば）」を引き出すような日本語教育を目指す際には、残念ながら、あまり助けになりません。本書では、どの事例も「日本語学習的コミュニケーションが成立しているのか」という観点に立って実践研究に

取り組んでいるわけですが、今後、活発な議論を通じて、創造的想像力を育む学習を支える方法、理念、研究方法などについて開拓されていくことが期待されます。

注

[1] 上條（2017）は、連詩の実践を次の4つに整理しています。一つ目は、「連詩」を創案した大岡（1991）を中心とした共同制作を重視した文学的連詩、二つ目は小山田（2015）に見られるような付け合いを重視した詩歌療法、三つ目は教科書に掲載されているような学校教育の教育手法として実施されている作品重視の連詩（古閑2013）、四つ目は感性重視のカウンセリングのフォーカシング的な連詩（福田2013）の4つです。そのうえで上條（2017）は、大学の「国語科指導法」の授業の中で「学習は個人のもの」という学習観の問い直しという観点から、「相互承認による癒し効果」や「個に閉じない共同制作の面白さ」の2点が強調される「フォーカシング的連詩」に注目しています。

[2] 筆者も2016年（7月〜9月）に池袋コミュニティ・カレッジ教室で開講された「田丸雅智のショートショート講座」を受講し、体験的に学びました。なお、この講座の内容は2020年度から使用されている小学校4年生の国語教科書（教育出版）にも採用されています。（田丸雅智公式サイト参照）

[3] 田丸式メソッドで示されている所要時間の目安は、ステップ1が7分、ステップ2が8分、ステップ3が20分となっています。

[4] ロブマンとルンドクィストのインプロによる言語学習活動でも、子どもたちがデタラメ語を作ったり、ストーリーや詩を協働的につくりあげたりする活動が紹介されています（ロブマン，ルンドクィスト2007/2016）。田丸式メソッドも同様に、デタラメ語からストーリーを生み出すものですが、これらの活動はことばで遊ぶ機会を提供し、意味生成や言語学習の楽しみを教室に持ち込むものといえます。

第4章
「エクソフォニー」と創作

1 │ 多和田葉子のエクソフォニックな創作ワークショップ

　多和田葉子のエッセイ集『エクソフォニー：母語の外へ出る旅』（岩波現代文庫、2012）の中に、「単語の中に隠された手足や内臓の話」と題されたエッセイがあります。その中で、多和田は、アイルランド・ダブリンに招かれ、そこでドイツ語を学ぶ人たちと行った創作ワークショップの様子を紹介しています。このエッセイを通じて私たちは、多和田の創作の源にあるエクソフォニックな視点で、ことばを外から見つめることによって、どのように想像力が触発されるのか（どのような文学的刺激となるのか）を垣間見ることができます。日本語教育への応用という観点から見ても大変興味深い創作活動になっているので、ここでは、そのエッセイからワークショップの様子を、詳しく見てみることにしたいと思います。

　このワークショップは、ユニバーシティ・カレッジ・ダブリンのドイツ語の教師に依頼されて実現したもので、アイルランド人のドイツ語の教師や、学生、ドイツ語を勉強している高校生などが集まり、2回にわたって行われました（多和田2012）。ワークショップの依頼を受けた際に、「蚤の市の発想」でやって欲しいと頼まれたといいます。この「蚤の市の発想」について、多和田は次のように説明

しています。多和田によるエクソフォニックな創作ワークショップの基本的な手法がよくわかるので、少々長くなりますが引用したいと思います。

　　わたしの書いた小説に「Ein Gast（客）」というのがあるが、（略）この「客」という小説には、蚤の市の側を通りかかった主人公が、蚤に関していろいろ連想を始める場面がある。蚤の市という単語はよく使われる普通の単語なので、この単語を耳にしても、普通は誰も虫の蚤のことなど思い浮かべないが、「蚤」と「市」を切り離して、「蚤」の具体的な意味を考えてみると、気になる言葉だ。jemandem einen Floh ins Ohr setzen という慣用句も浮かんでくる。これは、直訳すれば、人の耳に蚤を入れるということだが、人になにかアイデアや願望を吹き込むことを意味する。吹き込まれた方はそれが気になって、落ち着きがなくなる。身体に虫が入っていて落ち着かないという感覚は、なんだかよく分かる。日本語にも、蚤ではないが、潜在意識を意味する「虫」がある。これは、他人に吹き込まれるわけではなく、もともと人の身体に住んでいるらしく、理性に操縦される意識を無視して、勝手な行動を取る。この虫の居所が悪ければ、些細なことでもすぐいらいらしてしまう。特に理由はなくても、虫の好かない相手というのもいる。虫の知らせがあったり、腹の虫がおさまらなかったりすることもある。
　　このように合成語や慣用句などは、中に面白いイメージが隠されていても、普段わたしたちは、それを気にとめないで使っている。わざと、そこを気にとめてみようというのが、このワークショップの狙いである。

（多和田2012: 175-176）

220

第2部　実践編

なかに面白いイメージが隠されているが、多和田は外国語を学んでいる時の方が、母語でしゃべっている時よりもこういったことに気がつきやすい、といいます。それは、「外国語の単語が母語とは違った分類法で、頭の箪笥のなかに入っている」（多和田2012: 176）ためです。

　　ネイティブ・スピーカーでないために、出来合いのお惣菜をそのまま楽に食べられない苦労を逆手に取って、言葉を外から眺め、文学的刺激にして楽しんでやろう、というのがこのワークショップの意図である。

　　　　　　　　　　　　　　　　　　　（多和田2012: 177）

　多和田はダブリンで、このようなエクソフォニックな視点を利用して2つの創作ワークショップを行っています。1つは、さきに見た「蚤の市」のように、「ごく当たり前のいつも使っている単語だけれども、よく見ると合成語で、それを分離して個々の意味を考えてみると、面白いイメージの浮かんでくる単語を集め」（多和田2012: 177）、そこからイメージを膨らませていくものです。そのワークショップで出されたのは次のようなアイデアだったといいます。

　　学生が最初に出したのは、怠け者という意味のFaulpelzだった。直訳すると、腐った毛皮。この学生は更に、Frühstück（早い一切れ＝朝食）という単語を出した。そして、朝起きたら体が腐った毛皮のようになっていて、それをひきずって、食べたくもない朝御飯を無理に、ひとつひとつ（Stück für Stück）口に入れていく主人公の出てくる話を書いた。朝起きるのが苦手な人間には身にしみる話である。又、高校でドイツ語を教えている先生は、動物の名前の入った単語をいくつか出した。Katzentisch（猫膳＝人が集まって食

事をする時、子供だけを別に集めてすわらせる小さなテーブル）、Affentheater（猿芝居）、Hundwetter（犬天気＝ひどい天気）。花の名前を出した人もいた。たんぽぽはLöwenzahn（ライオンの歯）、三色スミレはStief-mütterchen（継母ちゃん）。綺麗なはずの花たちが、おそろしい歯をむき出してくるように思えることのあるのは、この名前のせいなのかもしれない。言葉を集めれば、リストができる。その中で、自分が特に面白いと思った単語、心を誘い、知性をくすぐる単語を一つでも複数でもいいから拾い出して、短い文章を書く。Atemzug（呼吸）から、Atem（息）を切り離してみると、後半にZug（列車）が残る。自分のAtemzugに乗車して旅に出る話を書いた人もいた。

（多和田2012: 177-178）

　2つ目の創作ワークショップは、身体の部分の名前が入ったドイツの都市名を使った創作です。日本の地名にも、たとえば目白や井の頭のように、「目」「口」「頭」「手」「足」「尻」などがつくものは多くみられますし、人間の身体にはないですが「羽」や「尾」などの入った地名も多くあります。工夫次第で日本の地名でもできるのではないか、と思わせる手法です。

　　まず身体の部分の名前の入ったドイツの都市の名前をみんなで集め、それから、各自が一つ、町の名を選んで、その町について、短文を書いた。たとえば、Dortmundには口（Mund）があり、Darmstadtには腸（Darm）がある。あまり有名ではないが、ハンブルクの北西にItzehoeという町がある。この町について架空の観光解説を書いた参加者がいた。der Zeh は、足の指のこと。この人の書いた架空のパンフレットに

よると、この町は、地区が十に分かれていて、川を挟んで扇状に左右五つずつ並んでいる、一番北の二区は大きく、一番南の二区は小さく、あとの六区は同じくらいの大きさで、それぞれの地区にある商店街の敷石は、夏になると真っ赤に塗られて輝く、ということである。 (多和田 2012: 178-179)

　多和田は、このように「意味の伝達の道具として言葉を使う習慣から、遊びによって一時的に解放されることによって、言葉そのものに触れることができる」（多和田 2012:179）といいます。

　谷川道子によると、2000年に一橋大学で催された「境界を耕す」と題した朗読会で、「ドイツに住む積極的な理由」を問われ、多和田は、何より「言葉に驚く面白さ」をあげています。そして、「境界を耕す」という言葉に込めた思いを、「自分は境界を越えたいのではなく、そこに橋を架けたいのでもない、境界を越えて分かってしまうとは両者の言語が貧しくなることではないのか、むしろ境界地帯そのものに留まって、両方の言語や文化がそのまま複雑にゆたかなものとしてそこにあることを楽しみ、耕したいということなのだ」（谷川 2008: 60）と語っています。多和田はドイツに渡り、以来、ドイツ語、そして日本語で数々の作品を世に送り出していますが、それは「母語の外側にでて、そこで感じるものから創作をしたい」というエクソフォニックな想像性に拠るものと言えるでしょう。

　また、同じ朗読会で多和田は、私たちが生きていくうえで、物語（虚構やファンタジー）をつくることがいかに重要か、について次のように述べています。

　作りごと、でっちあげ、作り話、でたらめ、などという言葉を並べていくと、お話を作り上げること、すな

わち、虚構はすべて悪いことのように思えてくるが、虚構がなくなったら大変だ。虚構というのは物事を捉える枠組みでもあるわけだから、それがなくなったら、わたしたちは、訳が分からなくなって、生きていくうえでの方向感覚を失ってしまう。　（多和田2012: 171）

　日本語教育に限りませんが、多くの外国語教育および第二言語教育では、実用性やコミュニケーション力の育成ということが強調されます。言語教育であるのだから、それは当然のことです。しかしながら、「教育」という面によりフォーカスした場合に、実用性やコミュニケーション力だけでは語れない、学習者のうちに秘められた力を引き出す教育の可能性に期待せずにはいられません。多和田は、「人はコミュニケーションできるようになってしまったら、コミュニケーションばかりしてしまう。それはそれで良いことだが、言語にはもっと不思議な力がある」（多和田2012:157）とも語っています。創作活動による日本語学習は、そうしたことばの不思議な力を引き出す可能性を有しているのではないでしょうか。

2 ｜ 「留学生文学賞」が問いかけるもの

　かつて「留学生文学賞」という賞がありました。2000年から2010年まで続いたその賞は、日本で学ぶ外国人留学生による小説・詩・エッセイを対象にした文学賞です。留学生文学賞は設立当初、「ボヤン賞」の名称ではじまり、第2回より改称されたのですが、「ボヤン」という名称は、内モンゴル出身の中国人留学生であったボヤンヒシグの略称をとったものです（栖原2013）。
　留学生文学賞に尽力した栖原暁は、「留学生文学賞」設立までの経緯を振り返り、実は、当初この賞にそれほど乗

224

第2部　実践編

り気ではなかったと告白しています（栖原2013）。栖原が
はじめに抱いていたという感覚は、日本語教育に携わる人
間であれば、少なからず共感できるものではないでしょう
か。

　　わたしはそれまで数多くの留学生による日本語に接し
　　てきていた。多くは奨学金申請のための作文であった
　　り、大学等に出すレポートであったり、入管局宛の在
　　留延長などの理由書であったりする。それらは、経済
　　的支援を得たり、在留許可を得たりするのが目的で作
　　成された文書で、日本人の自尊心をくすぐるような論
　　理で構成されたものが多い。それらを長年添削してき
　　た経験が身に付き過ぎたせいか、なかなか留学生が日
　　本語で文学作品を綴るということがイメージしにく
　　く、どれほどのものが集まってくるか実は内心やや怪
　　しんでいた。しかし、私の予想は見事に外れた。送付
　　されてきた原稿は、表現力に拙さがあるものも含まれ
　　ていたものの、私がそれまで接してきた留学生の日本
　　語とは根本的に異なるものであった。だれに媚びるで
　　もなく、本心から書きたくて書いた、いわば、日本人
　　が文学作品などを書く時の目線と同じ高さのものであ
　　った。
　　　　　　　　　　　　　　　　　　　　（栖原2013: 155）

　残念ながら、「留学生文学賞」は、いまはもうありませ
ん。本書で見てきたように、留学生を迎え入れる日本語教
育において、これまで文学にも物語創作にも関心が払われ
てこなかった現状を考えると無理もないように思われま
す。むしろ、10年続いたということが奇跡であるように
も思えます。「留学生文学賞」の設立と運営に奔走した
方々に尊敬の念を覚えるとともに、いま、改めて、日本語
学習のための創作ということを考える際に、この賞の存在

やこの賞にかかわった多くの書き手（創作者）たちから私たちが学ぶべきことは多いように思われます。

　はたして、これまでの日本語教育は、学習者に潜在する創作意欲を引き出し、彼ら／彼女らの創造的想像力を十分に発揮する場を用意できていたでしょうか。残念ながらこれまでの日本語教育では、学習者の「表現力」とその可能性をあまりにも過小評価してきたのではないか、そのように思えてなりません。いま一度、母語でないからこその創作という視点を持ち、日本語の学習として創作することの教育的価値を見直したいと思います。

第3部
展望編

第 1 章

日本語教育における
もう一つの自己表現活動の可能性

　　これまで日本語教育で「自己表現」というと、主として「自己（内面）のさまざまな側面について語ること」を意味しました。日本語でいかに自分の思いや考えを伝えるか、いかに「日本語人生」を語るかということが日本語教育における「自己表現」の一般的なあり方でした。それは「学習者が日本語で自身の声を獲得して、日本語を通してこれまで出会うことのなかったさまざまな人と出会い、つながり、交流して、一層豊かな人生を送」（西口2020: 7）ることを願う日本語教師にとって、当然の教育目標といえます。筆者も、学習者が「自身の声」を獲得し、日本語で「人とつながり交わるコミュニケーション」（西口2020: 7）ができるようになることを支援する教育をめざしたいと考えています。しかし、その一方で、日本語での「自己表現」の可能性は、「自分のことを語ること」のほかにも開かれているのではないかと思うのです。本書で検討してきたのは、その「もう一つの自己表現」の可能性としての創作活動です。
　　細川英雄は、日本語教育において、予備的・準備的なことばの学習／教育から脱するためには、学習者がいかに自分の過去・現在・未来を結ぶテーマに向き合うか、という言語活動主体としてのあり方が重要だと述べています。

　　自分の過去・現在・未来を結ぶテーマについて考える

ということは、これからの自分の専門領域あるいは自分の職業や仕事、そして生活のすべてについて考えることにもつながるのである。（略）専門分野や職業そして生活全体において自分のテーマを問い続ける個人であるために、過去・現在・未来を結ぶテーマとして自らのことばの生活、ことばを使った生活、ことばによる生活の充実を考えていくこと。それを行為者自身が自らの言語活動主体として自分の中に取り込んでいくということが必要だろう。それは行為者としての生きるテーマの発見と意識化である。　　　（細川2013: 12）

　このように、これまで日本語教育で盛んに行われてきた自己開示型の自己表現活動は、どちらかといえば自分にとっての課題や問題を見つめること（それを解決すること）に重きが置かれてきました。過去・現在の自分に向き合うことで、未来の道筋を見出していこうという自己表現の形です。一方、創作を通じた自己表現は、自分が物語を「生み出す」ということに重きをおきます。「未来」というのは誰にとっても未知のものです。私たちはまだ見ぬ未来を想像し、新しい世界を切り拓いていかなければなりません。その際、想像の素材となるのが過去の「経験」です。ただし、その「経験」は自分が実際に体験したことに限られるわけではありません。小説で読んだり、人から話を聞いたり、あるいは、人々の暮らしを見て感じ取ったことなどがその人の創造的想像力を豊かにするのです（内田1994）。そして、その過去の経験やいまの現実は創作のヒントや素材にはなりますが、生み出すものは虚構（ファンタジー）でも構いません。重要なのは、新しいものを生む（つくる）ということです。これまでの日本語教育では、このような「自己表現」が発揮される機会（あるいはその重要性が教育現場で共有される機会）が少なかったように思われてなりません。

私たちはいま、VUCA時代[1]に生きているといわれます。それは変動的で、不確実で、複雑で、曖昧な時代です。2020年以降、全世界がコロナ禍に見舞われ、ことば通り経験のない予測不可能な事態が起こり得るということを痛感させられました。このように将来の予測が難しく刻々と移り変わる世の中で困難に直面したとき、私たち一人ひとりが想像力を働かせ、困難の中にも希望を見出し、新しい世界を創りだしていく力が求められます。エクソフォニーは、それまで当たり前だと思っていたことを捉え直す視点を与えてくれるものです。そして、「創作」では作り手自身も驚くような思いもよらない作品が生まれることがあります。創作を通じた教育は、自分の学びや人生に「創発」（新しい発見）を呼び込み、自分にも予測がつかない新たな自分に出会う機会を与えるのです。

　社会構成主義の第一人者として知られる心理学者ケネス・ガーゲンは、グローバル化の進行に伴い、人々の現実の対立がますます深まっていく今日の世界において「変化力を持つ対話」という概念が、重要な意味を持つと述べています（ガーゲン1990/2004）。ガーゲンが言うところの「変化力を持つ対話」とは、コミュニケーションの中で、人々が互いに行為を調整し合いながら意味をつくりあげていく、そのような合意形成の力です。

　細川は、先の議論に続けて、「この課題（言語行為主体として生きるテーマの発見と意識化）を個人としての枠を超えて、社会における他者との関係の中で構築していくことが重要である」（細川2013: 12 括弧内引用者）と述べています。それは、個人が共に活動し、共に生きる「公共空間」の中においては、「国籍や母語の別を問わず、ことばによって自らを表し、他者との対話によって協働のコミュニティを形成し、そのコミュニティを含む社会そのものに働きかけていくことが必要」（同: 13）だからであり、そうしたこと

第1章　日本語教育におけるもう一つの自己表現活動の可能性

ばの活動の行為者たる「ことばの市民となる」ことを目指さなければならないからだ、といいます。

　しかし、他者との対話によってなにかをつくっていくためには、その前提として仲間とコミュニケーションを通じて「学び合える」という実感や、対話によってなにか新しいものが生まれるかもしれないという期待を持てるかどうか（その経験があるかどうか）が必要ではないでしょうか。「変化力のある対話」を実現するためには、対話を通じていろいろなアイデアに出会えるのだという肯定的な思考と、仲間と共により良いものを生み出せるという実感が必要です。本書に見た創作活動における創発的な日本語学習的コミュニケーションには、そうした「変化力のある対話」を見て取ることができます。

　日本語での創作活動は、「エクソフォニックなことばの使い手」として、さまざまな思考と表現のあり方を学び、常に、互いに学習に開かれた状態で他者の存在を受け止め、「変化力を持つ対話」でしなやかに新たな世界（ビジョン）を創造していくことであり、ときとして自分も知らない新しい自分に出会える、そのような「もう一つの自己表現」を通じたことばの学びである、本書ではそのように主張したいと思います。

注　　　　　[1] VUCAとは、Volatility（変動性・不安定さ）、Uncertainty（不確実性）、Complexity（複雑性）、 Ambiguity（曖昧性、不明確さ）という４つのキーワードの頭文字から成る造語で、予測不可能な現代社会や個人のキャリアを取り巻く状況を表現するキーワードとして使われています（臼山2020）。

第2章
日本語学習としての「創作」のニーズ

　筆者はこの間、日本語創作ゼミと称した授業や自主的な日本語創作スタディを実施してきました。日本語創作ゼミは選択科目であり、1学期で完結するクラスであり、単位は1単位しかないこと、金曜日の夕方というあまり好まれない時間帯に開講されることなどを勘案すると、受講者は日本語で創作したいという「意志」をもって選択・受講していたと思われます。日本語創作スタディもまた、主に夏季休暇、冬季休暇を利用しての実施であり、単位も関係ないため、参加は学習者の「意志」あってのものといえます。韓国の大学生は忙しく、厳しい就職活動に挑むため、学業に加え、アルバイト、TOEICの勉強、ボランティア活動と寸暇を惜しんで「スペック（就職対策のための能力・資格）」を積んでいます。そんな学生たちが、必修でもなければ試験対策にもならない創作ゼミを受講し、貴重な休みを利用してスタディに参加しています。なかにはゼミやスタディに複数回参加する創作活動リピーターの学生もいます。ここでは、日本語創作を体験した学習者の声に耳を傾けることで、日本語学習としての「創作」のニーズについて考えてみることにしたいと思います。

　「おべんとう絵本」づくりのスタディに参加した学生何人かに参加の動機を聞いてみると、「絵本を作ってみたかった」や「日本語らしい表現を学びたかった」といった意

見が聞かれました。ここから絵本づくりそのものへの関心とともに、創作が日本語の学習にも役立つだろうという期待をもって参加したことが窺えます。

- 「自分の絵本を作ってみたかった」（学生G 4年）
- 「日本語らしい表現を学ぶ。自分の絵本を持つ。」
  （学生L 4年）
- 「絵本を作るんだと聞いて、"面白そう！"だと思いました。」（学生E 4年）
- 「日本語能力向上および絵本らしい表現（を学びたくて）」
  （学生M 4年　括弧内筆者）
- 「私が3年の授業をとったときおもしろかったストーリーテリング[1]も今日のように先輩たちのスタディーにさんかしてできたら面白そうだと思って参加しました！ありがとうございました！」（学生H 3年　原文ママ）
- 冬休みなのでひまだし、せいさんてきなかつどうをしたいのでです。また、ゼミで絵本を作った時おもしろかったのでです。（学生U 2年　原文ママ）

　スタディ終了後、実際に自分の絵本を作ってみての感想を聞くと、「話作りで日本語の使い方がよく分かった」「普通の授業ではできないいろんなシュチュエーションでも日本語の使い方とか（わかって）良かった」「絵本の話し言葉がなにか分かった」といった声が聞かれ、日本語での創作が日本語を学習したという"実感"と結びついていることがわかります。また、嬉しいことに「これからもこういうスタディーがあればぜひ参加したい」「新しい授業のスタイルを感じた」といった声もあり、新しい日本語学習法としてのニーズを感じることができます。

- 話作りで日本語の使い方がよく分かりました。（学生D 3年）

- 夏休みにもこんなことができてすごくおもしろかったです。普通の授業ではできないいろんなシュチュエーションでも日本語のつかい（方）とか、みんなでいっしょにいろいろやってたのがとくによかったです。これからもこういうスタディーがあればぜひ参加したいと思います。（学生K3年　括弧内筆者）
- 絵本の話し言葉がなにか分かりました。創意と美術のセンスが必要だと思いました。面白い活動でした。絵本作りは文字をどこに書くかかんがえなければならないと思いました。（学生M4年）
- 思ったことより気にしなければならないことがたくさんあった。面白い作り方を学ぶことができた。夏休みの間（の）体験だと思ったが、新しい授業のスタイルを感じた。（学生G4年　括弧内筆者）
- まず自分だけの絵本を作ったし、みんなと内容の話をしながらするのが楽しかった。時間がもっとあったらより面白い内容や絵を描くことができると思う。

（学生L4年）
- 作ることは面白かったし、私は作る時、聞く人が私の本を見て考えが変われば良いという気持ちで作りました。

（学生Z3年）

　社会人学習者からも創作活動を通じて学習意欲や創作意欲が触発されたという声が聞かれました。2021年1月に韓国の放送通信大学でオンラインでの日本語キャンプ（冬季集中クラス）が行われた際、上級クラスを担当し、フォト五行歌や連詩[2]の創作を行いましたが、授業での創作を通じて、個人的にも詩作をしてみようという創作意欲が湧いたというコメントや「きれいな日本語の言葉」へ関心が向き、「これから良い作文ができるように勉強したくなった」と学習意欲が高まったという声が聞かれました。

・普段、もっときれいな日本の言葉を勉強すれば良かったと思う契機になりました。きれいな文章などを覚えるスタディーがあればよかったなと思いました。これから、良い作文ができるように勉強したくなりました。（Mさん）

・普段の生活で詩を書こうと思ったことがなかったです。写真の横に自分で作った詩をみるとなんといえない素敵なことですね。心が豊かになりました。これから写真を取ったら詩をつくることにします。

（Yさん、原文ママ）

　母語であっても「場」がなければ、創作の機会はなかなかないかもしれません。しかし、このように場やきっかけさえあれば、それを機に教室の外に出ても個人的に創作を続けてみようという学習者も出てくるのです。「教室」は、学習者に日本語での創作のきっかけを与える絶好の場です。

　2019年度2学期の日本語創作ゼミ終了時に実施したアンケートでは、「このように日本語でいろんな作品を創作することについて、どう思いますか」という質問に対して自由記述を求め、以下のような解答を得ました。このときに行った創作活動は、①川柳、②連詩、③フォト五行歌、④絵本づくり（お天気絵本）、⑤カタルタ・ストーリーテリング×絵本（『りんごがドスーン』、『ふゆ』）の5つです。全体としては、いままでにない新鮮な活動で良かったと肯定的な声が聞かれました。また、創作を通じて「実力が上がる感じがした」や「より日本語を発揮できた」と、日本語の学習に繋がっているという実感も得られているようです。

・他の授業でできなかったことなので色違いで（「色違いで」→「新鮮で」の意）たのしかったです。こんな授業がまたあったら受けたいです。（括弧内筆者）

- 今までこのような活動をしたことがなかったからいい経験でした。またこのような活動がしたいと思います。
- ふつうではやれなかったことができて面白かったです。そして自分でやりながら日本語の実力が上がるかんじがしました。（原文ママ）
- 本（教科書）の内容を覚える勉強もいいけど、やっぱりこうやって実際使ってみるのが大事だと思います。これからも、もっともっとやってみたいです。（略）すごく楽しくすることができました。（括弧内筆者）
- かなり楽しかったし、みんなの日本語もきけてよかったです。じつりょく向上にもよさそうです！（原文ママ）
- 創作するのに答えがないことが良かったです。別の授業とは違ってもっと日本語を発揮する良い時間となりました。まるで自分が作者のように、創作するときの拘りがあるんだなと気づく時間でした。（原文ママ）
- 日常的でつかうことば以外、文学的の言葉も学ぶことができました。個人的に1学期より2学期がもっと面白かったです。（※なお、2019年1学期のゼミでは、①川柳、②連詩「生きる」、③付け合いの「連詩」、④「かがみよかがみ絵本」づくり、⑤カタルタ×『バスにのって』の5つの活動を行っている。）
- いろんな単語とか、語彙を覚えることもできて、日本の文化を経験することができてとてもよかったです。しかし、創意力や語彙のことが足りない学生は、自分がいいたいことをはっきり言えないかもしれません（原文ママ）。

　当然ながら、創作への苦手意識を持つ学生もおり、また表現したいことと日本語力とのギャップに直面するということもあるため、それらをどうフォローしていくかということは課題になりそうです。しかしながら、前述のアンケートで「創意力や語彙が足りない学生は、自分が表現した

237

いことをはっきり言えないかもしれない」と語った学生に
ついていえば、この学生の5つの創作活動についての満足
度は全体として高く、唯一、満足度が下がった活動として
川柳をあげ、その理由を「面白かったんですが創意力が足
りなくて」としていました。それに対して、またやりたい
活動に挙げていたのが、「みんなで連詩」（付け合いの「連詩」
のこと）でした。この学生は、連詩について「意味のない
ことばが、みんなと会ってうつくしいことばになって（よ
かった）」と述べています。また、グループで創作したカタ
ルタについても、「みんなと一緒に笑って遊ぶことができ
て（よかった）」といいます。このように、仲間と共にする
創作については、他の学生からも「みんなでやって楽し
い」や「（カタルタのおかげで）ほかの人と仲良くなった」と
いった肯定的な意見が聞かれました。創作への苦手意識が
あっても、仲間と共に取り組むことで乗り越えらるという
こともあります。それは、教室に集って行う創作だからこ
そ得られる利点かもしれません。

・韓国人一人でこのような経験をしてみるのはとても難
　しいだと思います。それでこのようなゼミを通じて創
　作することがおもしろくてよかったと思います。
・想像力があまりよくなくてはじめは大変だったが、一
　つずつ完成していくとおもしろくてむねがいっぱいに
　なった！
・思い出になっていい本を作れてよかった。

　表現したいものが思うようにことばにならず歯がゆい思
いをしながらも、一人で、あるいは仲間と共に創作し、完
成した作品を鑑賞し合うこと、その活動が学習者の「日本
語を使っている」「日本語で表現している」という実感を
生んでいるということが、こうした学習者の声から見えて

きます。学習者の声に耳を傾けて分かることは、日本語の学習としての「日本語創作」のニーズというのは、これまではただ単に機会がなかったというだけで、実は潜在的に存在していると考えられるのではないか、ということです。

注　[1] ここで述べられているストーリーテリングは、絵本『よるのかえりみち』（偕成社）を用いたジグソー・ビューイングのことです。第2部実践編第2章160頁参照。

[2] この時に行ったのは第2部第3章で取り上げた付け合いの「連詩」ではなく、谷川俊太郎の詩「生きる」を読み、"私なりの「生きる」"をつなげていくというものです（谷川2008）。言語学習の実践方法としては、武田（2013）や駒澤・菅田（2017）をご参照ください。

第3章

複言語複文化能力を育成する方法論としてのエクソフォニックな創作活動と日本語学習的コミュニケーション

　　本書の試みは、詩や物語の創作による日本語学習の教育的意義を追求することを通じて、従来の日本語教育では見落とされてきたことばの学習の意味や価値に光を当てようとするものです。最後に、それが今日的な言語環境の中の日本語教育において、どのような意味を持つのかについて考えてみたいと思います。

　　本書では、「創作」（つくることを通じた学び）という視点から新しい日本語教育の可能性を探ってきたわけですが、「創作」を通じた学びの今日的意義を語るには、近年、CEFRなどにおいて「創作」が言及されるようになったのはなぜか、ということについて改めて考えてみる必要があります。結論を先取りして言えば、それはすなわち、「創作」という「つくることを通じた学び」が、学習者に潜在する複合的で動態的な能力を引き出す言語教育実践だからだと言えるでしょう。ここまで述べてきたように詩や物語の創作は、「作品をつくる」という全体性を持った言語活動を通じて実践的に学んでいく方法であり、そこでは目標言語に関する知識のみならず、母語で有している既有知識や自身の経験などが総動員され、学習者に潜在するさまざまな能力を引き出しながら、同時に目標言語である日本語の能力を高めていくことが目指されます。このことが、学習者を取り巻く今日的な言語状況、言語環境を踏まえた日

本語教育を構築するうえで非常に重要な意味を持ってきます。

　今日の学習者を取り巻く言語環境に目を向けると、グローバル化がますます進展し、人々の移動やテクノロジーによって社会の「超多様化（スーパーダイバーシティ）」が進み、人々の言語使用は以前に増して複雑になっています（川上2021）。一人の人間が複数の言語を使用して生活することは当たり前となり、直接的及びサイバースペースにおけるコミュニケーションでは、多様な言語能力を発揮してコミュニケーションすることが日常化しています（加納2016）。このような言語状況の中で、急速に注目を集めているのが「複言語複文化能力」や「トランス・ランゲージング」といった複合的で動態的な言語観です。そこでは、「言語を静的かつ固定的なものとして捉えるのではなく、流動化する社会状況の中で動態性や複雑性のあるものとして捉える」（川上2021: 130）という今日の言語状況に即した言語研究や言語教育のパラダイムシフトが見られます。

　「複言語複文化能力」は、「程度に関わらず複数言語を知り、程度に関わらず複数文化の経験を持ち、その言語文化資本の全体を運用する行為者が、言葉でコミュニケーションし文化的に対応する能力」（コスト他2011: 252）のことを言います。これは本書で言及してきたCEFRを支える言語文化観でもあります。重要なのは、複言語複文化能力は「別々の能力の組み合わせではなく、複雑に入り組んだ不均質な寄せ集めの目録としての複合能力ということ」（同:252）であり、一人の人間の内にある複言語複文化能力は「複雑で不均質だとしても全体としてひとつのもの」（川上2021: 119）と捉えられるということです。このような視点に立つと、単一言語話者の能力を基準とし、二言語話者の言語能力がそれぞれ母語話者レベルに達していないとみる「セミリンガリズム」という見方は強く否定されます。と

同時に、ある言語に関する「部分的能力」を「制限的能力」と混同してはいけないとされます。つまり、「部分的能力」を持つ複言語話者の言語能力は必然的に相互補完的であり、不均衡で複雑で動的です。複言語話者は日常的に戦略的なコミュニケーション能力に基づく実践を行っているのであり、「部分的能力」は複言語能力を豊かにする部分と考えるべきものと捉えられるのです（川上2021）。

　「トランス・ランゲージング」は、特にバイリンガル教育の分野で注目されていますが、「マルチリンガルがもつ全ての言語資源を、言語の境界線を超越してひとつのつながったレパートリーとして捉えた概念」（加納2016:3）です。バイリンガルやマルチリンガルは、個別の言語能力が併存する存在ではなく包括的な言語レパートリーを言語資源として有する存在と捉えられます（猿橋・坂本2020）。別の言い方をすれば、トランス・ランゲージングは「ことば」を、個別言語が固定的に存在するもの（language）として捉えるのではなく、動態的で相互作用的で複合的でダイナミックなもの（languaging）として捉えることによって、人と人とのコミュニケーションのありようを理解しようという考え方です（川上2021）。

　注意すべき点は、こうした「複言語複文化能力」や「トランス・ランゲージング」といった見方は、いわゆるバイリンガルやマルチリンガルに限って必要な視点ではないということです。グローバル化の進展により、複数の言語資源を介した人々の接触の増加に伴い、モノリンガルだと信じている人々でさえ、実は異なる複数の記号システムを使いこなすマルチリンガルであり、何らかのトランス・ランゲージングを行っていると考えられるのです（加納2016）。そして、人は言語使用にあたって、過去の経験を通して蓄積された多様な言語レパートリーを言語資源として用い、相互作用の中で意味づけを行い、言語資源を更新

していきます（猿橋・坂本2020）。

　問題は、このように言語の境界線を越えた自由で柔軟な
コミュニケーションは、現代に生きる多くの人々の生活の
一部になっているにもかかわらず、「多くの言語教育の現
場における規範は未だに単一言語話者、モノリンガルのも
の」（加納2016: 17）だ、ということです。加納なおみは次
のように述べています。

　　　従来の言語学習の場、特に教師主導のモノリンガル規
　　範の教室は、人工的な環境である。そこでは、教師の
　　コントロールと、学習者自身の自己抑制により、学習
　　者が持つすべての言語資源が十分活用されているとは
　　言い難い。しかし、現実社会においては、コミュニケ
　　ーション場面の参加者たちは、目標を達成するため、
　　持てる力を全て出してコミュニケーションを図ろうと
　　する。コミュニケーションが不成功であれば、目的は
　　十分に達成できないため、全てのリソースを総動員し
　　て、持てる力を出し切った者が有利になるのは当然で
　　ある。グローバル化が進むなかで、異なる言語資源を
　　背景とした話者同士のコミュニケーションが増大する
　　現実に対し、言語教育は「規範」を教えるのではな
　　く、学習者自身の言語レパートリーを使いこなすため
　　の「柔軟なコミュニケーション方略」を教えるべきで
　　ある（Canagarajah2006）。トランス・ランゲージング
　　はまさにそのようなコミュニケーション方略として機
　　能する。　　　　　　　　　　　　　　　（加納2016: 17）

　加納は、「トランス・ランゲージングの実践の場を増や
し、学習者の多様な言語背景に配慮した指導や研究が行わ
れる必要がある」といいます。特に、従来の日本語教育の
ようにモノリンガル規範の強い言語教育の影響の下では、

学習者は自己の言語資源を柔軟に使用する経験が不足しているため、実際の多言語コミュニケーション場面に対処する力を伸ばすためにも、自らの言語資源の豊かさとそれを活用することで広がる可能性に気づかせることが不可欠だといいます（加納2016）。

　こういった教育的課題は、マルチリテラシーズ教育においても同様に語られています（Cope&Kalantzis2000）。マルチリテラシーズ（multiliteracies）は、従来の「読み書き」能力という単一的な意味でのリテラシーではなく、今日的な状況に対応できるようリテラシー概念を広げようというものです。注目されるのは、ここで言及されるマルチ（多様性）は、言語・文化的な多様性（＝マルチリンガル）だけでなく、コミュニケーション媒体の多様性（＝マルチモダリティ）にも及んでいる点です。近年のインターネットやソーシャルメディアの発達を見れば一目瞭然ですが、デジタルネイティブ世代はネットを通じてさまざまな言語に触れているだけでなく、Facebookやインスタグラム、YouTubeなどのように文字や記号、絵、写真、動画などさまざまなモダリティを使ってコミュニケーションを図っていることが分かります。私たちのコミュニケーションは、さまざまな言語やモダリティを駆使して、それらをうまくデザインすることによって成り立っているのです（Cope&Kalantzis2016）。こうした社会環境を踏まえるとき、これからのリテラシー教育は「言語以外の位相の表現や知性を包含する視野をもつことによって、より豊かな領域に広げていく可能性を有している」（門倉2020: 50-51）と言えます。本書で取り上げた「見ること」（Viewingや鑑賞教育）は、こうしたマルチリテラシーズ教育の見方が注目される中で重視されるようになってきています。

　本書では、学習者が自身の持てる力を全て使う際には、さまざまな言語レパートリーや既有知識・経験などを統合

する力（＝創造的想像力）が働いていると捉え、そうした力が発揮できる日本語教育実践のあり方を検討してきました。また、物語の創作という行為自体が、フィクション（想像世界）とリアリティ（現実世界）との間を越境（トランス）して行き来する行為であり、学習者が「持てる力を全て出し切る」ことを促す学習方法であるということを示してきたわけです。さらに、即興的な創作活動では、学習者に、より柔軟なコミュニケーション力が求められます。即興によって、従来の予定調和的な学習とは異なり、教師にとっても学習者にとっても、動的でダイナミックな言語学習環境を用意することができます。学習者は、創作によって、そうした動的な言語活動のなかで臨機応変に、自身の持てる力を発揮してコミュニケーションを実現することを実践的に学ぶことができるのです。

　川上郁雄は、「移動する子どもたち」を取り巻く日本語教育を研究する立場から、日本語教育においても複言語複文化能力を育成する視点や発想の必要性を訴えています。川上は、日本語教育がグローバル社会に生きる学習者の総合的な「ことばの力」の育成を目指すのであれば、「日本語能力を育成する日本語教育という実践観だけでは十分に対応できない」（川上2021: 123）と日本語教育の現状を憂えています。そして今後は複言語複文化能力的な言語観に立ち、「人は大人であれ子どもであれ、多様な言語資源が不均質だが全体としてまとまりのある複合的な能力を有していると捉え」「日本語や何語と峻別する言語観ではなく、多様な言語資源から成る複合的なものとして『ことば』」（川上2021: 126）を捉えた教育実践を目指していくことが必要だと主張しています。

　これからは学習者の個別性、動態性、複合性を踏まえて「ことばの教育」をどう構築するかを考えていく必要があります（川上2021）。そのように考えたとき、多和田葉子

が提示する「エクソフォニー」ということばの捉え方が、複言語複文化的な言語教育観に基づく日本語教育の自己表現のあり方として意味を持ってくるのではないかと思われます。それはすなわち、多和田が「境界を耕す」ということばに想いを込めたように、境界を超えるという発想ではなく、言語と言語あるいは文化と文化の境界に留まり、「両者の言語や文化がそのまま複雑にゆたかなものとしてそこにあることを楽しみ、耕す」という視点を持つということです。

　本書における「日本語学習的コミュニケーション」という見方は、学習者の個別性、動態性、複合性を踏まえた「ことばの教育」をどのように実現するかという問いに対する一つの答えです。「日本語学習的コミュニケーション」という見方に立つことによって、日本語の教室を学習者の複言語複文化能力が発揮される場と捉え、学習者の内にある豊かな言語資源を活用した言語実践のあり方を積極的に検討できるようになるからです。

　複言語複文化能力を育成する日本語教育の学習理論とその方法があるとすれば、その一つは、エクソフォニックな創作活動とそれによって引き出される日本語学習的コミュニケーションではないかと思うのです。

　本書では、書くことを「想像的な状態を呼び起こすこと」と捉え、創作によって学習者が「表現することの喜び」を知り、「表現する意欲」を育てるものと位置づけ、さまざま実践を紹介してきました。そして、それらの実践を通じて、認知的道具や共同注視、見立て、視覚的イメージ、即興といった視点を持つことで日本語教育の「教室」に創作を持ち込むことが可能であり、創作によって学習者がことばを使い／つくりながらなにかを表現するという言語活動に気軽に取り組むことができるということを示して

きました。

　日本語教育における物語の創作活動は、当然のことながら作家の養成を目指すものではありません。筆者が重視しているのは、創作を通して「表現すること」に対する意欲を育んでいくということです。自己表現や自分の内に秘められた考えや思いを表現する形は、必ずしも自分にとっての「課題」や「問題点」を見つめ、それを開示することでしか成し得ないわけではありません。創作も自己表現を目指した日本語学習のもう一つの方法に成り得るのです。たとえ、持てる日本語が少なくても、その少なさの中で自分を表現することができれば喜びにつながり、その人の「ことば」を豊かにしていくことができます。そして、それを日本語教育で行うからこそ、多和田葉子の言うところの「エクソフォニー（母語の外に出ること）」の経験によって、母語文化の問い直しや目標言語である日本語についての発見など、ことばへの気づきを深められるのではないかと思うのです。言語学習は、ことばの気づきを促すことが重要だと言われますが、外国語教育での創作活動こそ気づきが多いと思われます。しかし、一般的には、母語であっても（趣味でない限り）創作する機会はなかなかありません。また、自らの内に秘められた表現したいことについて自覚的であるとは限りません。言語学習の場は、学習者に「創作」の機会を与えるとともに、実際に作ってみるという体験によって学習者の創作意欲や学習意欲を高めることにつながります。筆者は、詩や物語の創作が日本語教育におけることばの学びをより豊かなものにしてくれるものと確信しています。

資料

資料1　猪名川町立図書館 分類別貸出冊数（個人）

分類	一般図書（冊）	割合（％）
哲学	7,458	2.7
歴史	16,961	6.2
伝記	1,127	0.4
社会科学	20,206	7.3
自然科学	16,565	6.0
工業	32,732	11.9
産業	7,636	2.8
芸術	19,306	7
コミック	2,389	0.9
語学	2,362	0.9
文学	4,980	1.8
日本小説	**118,262**	**43.0**
随筆	14,847	5.4
外国小説	**7,407**	**2.7**
絵本	262	0.1
一般図書合計	274,917	

※絵本は、一般図書に分類されているものに限る。児童図書に分類されているものは含まない。
※個人は、個人向け貸し出しの意（団体を含まない）。
※猪名川町立図書館ホームページで公開されている「図書館年報2020」（https://www5.town.inagawa.hyogo.jp/shizuku/docs/47afe79aae712664d6030d8bcad1e33edb47e6cd.pdf）より作成。
※日本小説＋外国小説＝45.7％、日本小説＋外国小説＋コミック＋随筆＋文学＝53.8％。「日本小説43％」は他の分類の比率と比べると突出して多いことが分かるが、外国小説は日本語に訳されたものであるため「日本語で読める小説」と考えた場合、日本小説と外国小説を併せると45％以上にもなる。また、「文学」には詩や俳句などのほかに文学の評論なども含まれているが、これらも広義の文学と捉え、コミックや随筆も併せると全体の50％以上を文学的文章が占めることになる。
※実際にどのようなジャンルの図書が人びとに読まれているかを図り知るうえで、分類別の貸出冊数は有益な情報だが、分類別貸出冊数を公開している図書館は少ない。筆者が住む阪神間（尼崎市、西宮市、芦屋市、伊丹市、宝塚市、川西市、猪名川町、三田市）の図書館と大阪市立図書館、豊中市立図書館の年報を確認したが、分類別貸出冊数を公開しているのは猪名川町立図書館と豊中市立図書館の2館だけであった。

資料2　豊中市立図書館総貸出冊数（個人貸出・団体貸出）

分類	成人書（冊）	割合（％）
総記	25,508	1.3
哲学・宗教	77,931	4.1
歴史・地理	139,024	7.3
社会科学	141,626	7.5
自然科学	95,588	5.0
技術	262,778	13.9
産業	41,998	2.2
芸術・スポーツ	117,700	6.2
言語	22,966	1.2
文学	**778,491**	**41.4**
マンガ	168,765	8.9
点字図書	257	0.01
その他	6,494	0.3
成人書計	1,879,126	

※豊中市立図書館のホームページで公開されている「豊中市の図書館活動Ⅱ：統計・資料令和元年度（2019年度）」（https://www.lib.toyonaka.osaka.jp/katsudou_toukei_2019.pdf）より作成。

資料3　2019年書籍新刊推定発行部数

部門	部数（単位：万冊）	構成比（％）
総記	241	0.9
哲学	1,498	5.7
歴史・地理	1,019	3.9
社会科学	3,263	12.6
自然科学	846	3.2
工学・工業	778	3.0
産業	570	2.2
芸術・生活	7,156	27.6
語学	531	2.0
文学	**9,947**	**38.4**
一般書合計	25,849	

※2020年版『出版指標年報』の書籍統計資料（p.142）より作成。

参考文献　相川隆行（2014）「他者理解：他者の意図理解の研究」『人間社会環境研究』（27）、pp.57–69

青木幹勇（1996）『子どもが甦る詩と作文：自由な想像＝虚構＝表現』国土社

浅沼千春・若林尚樹（2004）「絵本のページネーションにおける時空間表現」『日本デザイン学会研究発表大会概要集』（51）、p. A14

荒井良二（1992）『バスにのって』偕成社

荒井良二（2011）『あさになったのでまどをあけますよ』偕成社

アリストテレス（1992）『弁論術』（戸塚七郎訳）岩波文庫

イ テジュン（文）・キム ドンソン（絵）（2005）『おかあさん まだかな』（チョン ミヘ訳）フレーベル館

イ ミョンエ（作・絵）（2017）『いろのかけらのしま』（生田美保訳）ポプラ社

イーガン, キエラン（1997/2013）『想像力と教育：認知的道具が培う柔軟な精神』（高屋景一・佐柳光代訳）、北大路書房. [Eagan, K. (1997) THE EDUCATION MIND: Cognitive Tools Shape Our Understanding, The University of Chicago Press]

イーガン, キエラン（2005/2010）『想像力を触発する教育：認知的道具を生かした授業づくり』（高屋景一・佐柳光代訳）、北大路書房. [Eagan, K. (2005)An imaginative approach to teaching, Jossey-Bass]

生田美秋・石井光恵・藤本朝巳（編）（2013）『ベーシック 絵本入門』ミネルヴァ書房、pp. 26–29

池田玲子（2007）「ピア・レスポンス」池田玲子・舘岡洋子『ピア・ラーニング入門：創造的な学びのデザインのために』第4章、ひつじ書房、pp.71–109

池田玲子・舘岡洋子（2007）『ピア・ラーニング入門：創造的な学びのデザインのために』ひつじ書房

石黒圭（編）安部達雄・有田佳代子・烏日哲・金井勇人・志賀玲子・渋谷実希・志村ゆかり・武一美・筒井千絵・二宮理佳（2014）『日本語教師のための実践・作文指導』くろしお出版

市嶋典子（2005）「日本語教室活動における「協働」とは何か：「接点」「固有性」をてがかりに」『言語文化教育研究』（3）、pp. 41–59

伊藤氏貴（2019）「「論理国語」という問題：今何が問われているのか」『中央公論』12月号、中央公論新社、pp. 44–51

伊藤龍平（2008）「日本語教育と昔話絵本：台湾の事例から」『昔話伝説研究』（28）、pp. 54–58

猪名川町立図書館（2020）「図書館年報2020（令和元年度統計）」https://www5.town.inagawa.hyogo.jp/shizuku/docs/47afe79aae712664d6030d8bcad1e33edb47e6cd.pdf（2021年4月5日）

井上健（2011）『文豪の翻訳力：近現代日本の作家翻訳　谷崎潤一郎から村上春樹まで』ランダムハウスジャパン

井庭崇（編）鈴木寛・岩瀬直樹・今井むつみ・市井力（2019）『クリエイ

　　ティブ・ラーニング：創造社会の学びと教育』慶應義塾大学出版会

いまいあやの（2014）『ベルナルさんのぼうし』BL出版

今井良朗（2014）「ことばとイメージ」今井良朗（編）・藤本朝巳・本庄
　　美千代『絵本とイラストレーション：見えることば、見えないことば』
　　武蔵野美術大学出版局、pp. 31–39

ヴィゴツキー, L. S.（1930/2002）『新訳版　子どもの想像力と創造』（広
　　瀬信雄 訳、福井研介 注）新読書社

ヴィゴツキー, L. S.（1959/2001）『新訳版　思考と言語』（柴田義松訳）
　　新読書社

上野行一（2014）『風神雷神はなぜ笑っているのか：対話による鑑賞完全
　　講座』光村図書出版

上橋菜穂子（2021）「物語の執筆と文化人類学：「連想の火」を熾すもの」
　　『文化人類学』（85）4、pp. 583–600

ウェランド, ブレンダ（1938/2004）『本当の自分を見つける文章術』（浅井雅
　　志 訳）アトリエHB [Brenda Ueland(1938) IF YOU WANT TO WRITE:
　　A Book about Art, Independence and Spirit. Graywolf Press]

臼山利信（2020）「VUCAワールドと外国語教育」『外国語教育論集』
　　（42）、pp. iv - v

内田伸子（1994）『想像力：創造の泉をさぐる』講談社

内田伸子（1996）『子どものディスコースの発達：物語産出の基礎過程』
　　風間書房

内田伸子（編）（2006）『発達心理学キーワード』有斐閣

内田伸子（2013）「想像力」藤永保（監修）・内田伸子・繁枡算男・杉山
　　憲司（編）『最新心理学事典』平凡社、pp.466–469

内田伸子（2016）「どの子も伸びる共有型しつけのススメ：子育てに『も
　　う遅い』はありません」『福岡女学院大学大学院紀要：発達教育学』
　　（2）、pp. 59–68

江原美恵子（2019）「初級レベルでの俳句・短歌・詩の授業：言葉の豊か
　　さを体感し自身の言葉を摑んで自己表現」『早稲田日本語教育実践研
　　究』（7）、pp. 35–36

江森英世（2012）『算数・数学授業のための数学的コミュニケーション論
　　序説』明治図書

大岡信（1991）『連詩の愉しみ』岩波新書

大石昌史（2015）「見立ての詩学：擬えと転用の弁証法」『哲学』（135）、
　　pp. 159–186

大橋牧子（2009）『自分の「焦点」はどこ？　フォトアートセラピー：10
　　のPHOTO WORK』BABジャパン

大森雅美・鴻野豊子（2013）『今さら聞けない授業のキホン　作文授業の
　　作り方編（日本語教師の7つ道具シリーズ③）』株式会社アルク

岡崎洋三（2011）「言葉の学習を活性化させる心的イメージについての一
　　考察」『多文化社会と留学生交流』（15）、pp.55–59

小川洋子（2007）『物語の役割』ちくまプリマー新書

奥泉香（2006）「「見ること」の学習を，言語教育に組み込む可能性の検討」リテラシーズ研究会（編）『リテラシーズ2：ことば・文化・社会の日本語教育へ』くろしお出版、pp. 37–50

奥村三菜子・櫻井直子・鈴木裕子（編）（2016）『日本語教師のためのCEFR』くろしお出版

小山田隆明（2015）『詩歌に救われた人びと：詩歌療法入門』風詠社

甲斐睦朗（1997）「日本語教育と国語教育」『日本語学』（16）6、pp. 71–78

甲斐睦朗・赤堀侃司・川口義一・西原鈴子・ネウストプニー J.V.（1997）「座談会『21世紀を展望するボーダレス時代の日本語教育』」『日本語学』（16）6、pp. 12–28

郭南燕（編）（2013）『バイリンガルな日本語文学：多言語多文化のあいだ』三元社

蔭山拓（2016）「日本語教育における『対話』：対話主義的な第二言語教育の視点からの考察」『多文化社会と留学生交流』（20）、pp.1–7

ガーゲン，J. ケネス（1990/2004）『あなたへの社会構成主義』（東村知子訳）ナカニシヤ出版 ［Kenneth J. Gergen (1999) An Invitation to Social Construction. Sage Pabulications］

片山健（1988）『おやすみなさいコッコさん』福音館書店

門倉正美（2011）「コミュニケーションを〈見る〉：言語教育におけるビューイングと視読解」『早稲田日本語教育学』（8, 9）、pp. 115–120

門倉正美（2020）「マルチモダリティ，メディア・リテラシー，政治性」『リテラシーズ』（23）、くろしお出版、pp. 49–53

ガードナー，ハワード（1993/2003）『多元的知能の世界：MI理論の活用と可能性』（黒上晴夫訳）日本文教出版．［Howard E. Gardner (1993). Multiple Intelligences. Basic Books, A Subsidiary of Perseus Books L.L.C.］

蒲谷宏・細川英雄（2012）『日本語教育学序説（日本語ライブラリー）』朝倉書店

加納なおみ（2016）「トランス・ランゲージングを考える：多言語使用の実態に根ざした教授法の確立のために」『母語・継承語・バイリンガル教育（MHB）研究』（12）、pp.1–22

上條晴夫（2017）「教材開発：連詩の持つ学びの意味・学びのしかけ」『東北福祉大学教職研究』、pp. 123–134

川上郁雄（2021）『「移動する子ども」学』くろしお出版

川口義一（2003）「「文脈化」による応用日本語研究：文法項目の提出順再考」『早稲田日本語研究』（11）、pp. 57–63

川口義一（2012）「日本語教育における「演じること」の意味：「文脈化」で学ぶ文法」野呂博子・平田オリザ・川口義一・橋本慎吾（編）『ドラマチック日本語コミュニケーション：「演劇で学ぶ日本語」リソースブック』第2章、ココ出版、pp. 59–77

北原保雄（編）（2010）『明鏡国語辞典 第二版』大修館書店

キム ヒギョン（文）・フミエレフスカ，イヴォナ（絵）（2012）『こころの

家』（かみや にじ 訳）岩波書店

金敬哲（2019）『韓国 行き過ぎた資本主義「無限競争社会」の苦悩』講談社現代新書

キャンベル, ロバート・紅野謙介（2019）「「広義の文学」の可能性」『中央公論』12月号、中央公論新社

金田一秀穂（2019）「日本語を外側から見つめて」『中央公論』12月号、中央公論新社、pp. 66–69

草壁焔太（2001）『五行歌入門』東京堂出版

草壁焔太（2008）『すぐ書ける五行歌』市井社

草壁焔太（2013）『五行歌：だれの心にも名作がある』市井社

草壁焔太（2020）『五行歌』4月号、五行歌の会

久保田賢一（2000）『構成主義パラダイムと学習環境デザイン』関西大学出版部

グリフィン, パトリック・ケア, エスター・マクゴー , バリー（2012/2014）「教育と学校の役割の変化」グリフィン, パトリック・ケア, エスター・マクゴー , バリー編『21世紀スキル：学びと評価の新たなかたち』第1章、（三宅なほみ 監訳、益川弘如・望月俊男 編訳）北大路書房 [Patrick Griffin, Barry McGaw, Ester Care (2012) Assessment and Teaching of 21st Century Skills, SpringerNetherlands]

グレイ, ピーター（2013/2018）『遊びが学びに欠かせないわけ：自立した学び手を育てる』（吉田新一郎訳）築地書館 [Peter Gray (2013) Free to LEARN. Bacic Books]

桑原隆（2012）『豊かな言語生活者を育てる国語の単元開発と実践』東洋館出版社

公益社団法人全国出版協会・出版科学研究所（2020）『出版指標年報 2020年版』

こいでたん・こいでやすこ（1992）『とんとん　とめてくださいな』福音館書店

こうのあおい（2012）『ふゆ』アノニマ・スタジオ

紅野謙介・伊藤氏貴（2019）「国語教育から文学が消える：新学習指導要領をめぐって」『季刊文科』（78）、鳥影社

古閑晶子（2013）「対話を核とする学習過程デザインの要件：連詩創作における共創的対話の考察」『国語科教育』（73）0、pp. 23–30

国際交流基金・日本国際教育支援協会著（編）（2002）『日本語能力試験出題基準〔改訂版〕』凡人社

国際交流基金（2010）『書くことを教える』（国際交流基金 日本語教授シリーズ第8巻）、ひつじ書房

国際交流基金（2021）『海外の日本語教育の現状：2021年度 日本語教育機関調査より』https://www.jpf.go.jp/j/project/japanese/survey/result/dl/survey2021/all.pdf（2023年10月11日閲覧）

国府田晶子（2004）「絵本と対話による「読み書き能力」の育成：JSL教育を必要とする定住型児童を対象に」『早稲田日本語教育研究』（5）、

pp. 61–75

コスト, ダニエル・ムーア, ダニエル・ザラト, ジュヌヴィエーヴ（2011）「複言語複文化能力とは何か」（姫田麻利子訳）『大東文化大学紀要〈人文科学編〉』(49)、pp.249–268 [COST, Daniel, MOORE, Danièle. ZARATE Greneviève. (1997) Compétence plurilingue et pluriculturelle, Conseil de l'Europe]

小西英子（2016）『のりまき』福音館書店

駒澤千鶴・菅田陽平（2017）「日本語教育における実践サイクルを通した教師の学び：中国の大学における『谷川俊太郎「生きる」の合作詩』の授業づくりを通して」『言語教育実践イマ×ココ 現場の実践を記す・実践を伝える・実践から学ぶ』(5)、pp. 42–47

小松麻美（2017a）「日本語学習者と楽しむ物語の創作：田丸式メソッドによる超ショートショートづくりをめぐって」『日語日文學研究』(102) 1（日本語學・日本語教育學篇）、pp. 191–214

小松麻美（2017b）「「絵の鑑賞」による対話型日本語授業のデザイン」『日本語日本文學』(73)、pp. 63–79

小松麻美（2017c）「絵本の翻訳ディスカッションにみる「絵」の働き：『よるのかえりみち』の日韓訳を例に」『日本文化研究』(64)、pp. 5–24

小松麻美（2018a）「翻訳文をめぐる話し合いにみるアイデアの創発：絵本『とべバッタ』の韓国語訳を例に」『日本語教育研究』(42)、pp. 137–156

小松麻美（2018b）「より良い翻訳を目指した対話的な学び：合意形成プロセスに着目して」『日本語教育研究』(44)、pp. 5–23

小松麻美（2020）「日本語教育における「物語の創作」の意義と展望：創造的想像力の育成とことばの学び」『早稲田日本語教育学』(29)、pp. 85–104

小宮千鶴子（1998）「書くことの指導法」姫野昌子・小林幸江・金子比呂子・小宮千鶴子・村田年『ここからはじまる日本語教育』ひつじ書房、pp. 105–123

近藤安月子・小森和子（編）（2012）『研究社日本語教育事典』研究社

今野真二（2017）『詩的言語と絵画：ことばはイメージを表現できるか』勉誠出版

済東鉄腸（2023）『千葉からほとんど出ない引きこもりの俺が、一度も海外に行ったことがないままルーマニア語の小説家になった話』左右社

斎藤惇夫（2011）「ことばの表現（1）：音韻」中川素子・吉田新一・石井光恵・佐藤博一（編）『絵本の事典』朝倉書店、pp.448–456

佐川祥予（2017）「物語りと対話：第二言語教育のための物語り論と対話原理」『多文化社会と留学生交流』(21)、pp. 29–35

佐藤明宏（2004）『自己表現を目指す国語学力の向上策（21世紀型授業づくり）』明治図書

さとうわきこ（1993）『おつかい』福音館書店

佐藤学（監修）・ワタリウム美術館（編集）（2011）『驚くべき学びの世界：レッジョ・エミリアの幼児教育』ACCESS

里見実（2010）『パウロ・フレイレ「被抑圧者の教育学」を読む』太郎次郎社エディタス

猿橋順子・坂本光代（2020）「トランスランゲージの遂行性：国際的なトークショーのディスコース分析を通して」『青山国際政経論集』（105）、pp. 25–54

三野宮春子（2018）「即興的発表型と即興的やりとり型のアクティビティ：問題解決ゲーム SOLVERS の開発とコミュニケーション分析」『英語教育研究』(41)0、pp. 21–40

三森ゆりか（2002）『絵本で育てる情報分析力：論理的に考える力を引き出す〈2〉』一声社

塩谷奈緒子（2008）『教室文化と日本語教育：学習者と作る対話の教室と教師の役割』明石書店

渋谷実希（2014）「コミュニケーションを重視した活動：協働の場としての教室」石黒圭（編）安部達雄・有田佳代子・烏日哲・金井勇人・志賀玲子・渋谷実希・志村ゆかり・武一美・筒井千絵・二宮理佳『日本語教師のための実践・作文指導』第4章、くろしお出版、pp.42–47

清水眞砂子（2006）『幸福に驚く力』かもがわ出版

庄井良信（編）（1997）『学びのファンタジア：「臨床教育学」のあたらしい地平へ　第二版』渓水社

シンガー , D. G.・シンガー , J. L.（1990/1997）『遊びがひらく想像力：創造的人間への道筋』（高橋たまき・無藤隆、戸田須恵子、新谷和代訳）新曜社 [Dorothy G. Singer & Jerome L. Singer (1990) The House of Make-Believe: Play and the Developing Imagination, Harvard University Press]

杉江修治・関田一彦・安永悟・三宅なほみ編著（2004）『大学授業を活性化する方法』玉川大学出版部

栖原暁（2013）「「留学生文学賞」の設立と発展：日本語文学の意味を考える」郭南燕（編）『バイリンガルな日本語文学：多言語多文化のあいだ』三元社、pp. 149–162

牲川波都季（2011）「表現することへの希望を育てる：日本語教育と表現観教育」『早稲田日本語教育学』(8・9)、pp. 73–78

ズィヤーズ，ジェフ（2019/2021）『学習会話を育む：誰かに伝えるために』（北川雅浩・滝田徹・吉田新一郎訳）新評論 [Jeff Zwiers (2019) Next Steps with Academic Conversations: New Ideas for Improving Learning Through Classroom Talk, Stenhouse Publishers]

せなけいこ（1969）『ねないこだれだ』福音館書店

ソーヤー，キース（2021）『クリエイティブ・クラスルーム：「即興」と「計画」で深い学びを引き出す授業法』（月谷真紀訳）英治出版 [Keith Sawyer (2019)The Creative Classroom: Innovative Teaching for 21st-Century Learners, Teachers College Press, Columbia University]

武一美（2014）「「総合活動型」で書く：作文を書くプロセスの重視」石黒圭（編）安部達雄・有田佳代子・烏日哲・金井勇人・志賀玲子・渋

谷実希・志村ゆかり・武一美・筒井千絵・二宮理佳『日本語教師のための実践・作文指導』第5章、くろしお出版、pp. 48–57

武田緑（2013）「協働による詩の授業：谷川俊太郎の授業実践の発展として」『言語教育実践イマ×ココ 現場の実践を記す・実践を伝える・実践から学ぶ』(1)、pp. 28–33

田島征三（1988）『とべバッタ』偕成社

多田ヒロシ（1975）『りんごがドスーン』文研出版

立田慶裕（2004）「知識を創る学習：知識と学習のマネージメント」赤尾勝己（編）『生涯学習理論を学ぶ人のために』第9章、世界思想社、pp. 227–259

舘岡洋子（2005）『ひとりで読むことからピア・リーディングへ：日本語学習者の読解過程と対話的協働学習』東海大学出版会

舘岡洋子（2011）「協働による学びがはぐくむことばの力：『教室で読む』ということをめぐって」『早稲田日本語教育学』(8・9)、pp. 41–49

田中敦子（2008）「翻訳クラスにおけるピア・ラーニングの試み」『日本語教育方法研究会誌』(15) 1、pp. 18–19

田中茂範・深谷昌弘（1998）『〈意味づけ論〉の展開：情況編成・コトバ・会話』紀伊国屋書店

田中茂範（2019a）「意味の問題をめぐって」（連載「言語の役割を考える 第1回」）『ARCLE 研究ノート・研究レポート2019年度10月15日』https://www.arcle.jp/note/2019/0039.html（2020年2月15日閲覧）

田中茂範（2019b）「意味知識と概念形成」（連載「言語の役割を考える 第2回」）『ARCLE 研究ノート・研究レポート2019年度11月14日』https://www.arcle.jp/note/2019/0040.html（2020年2月15日閲覧）

田中優子・松岡正剛（2017）『日本問答』岩波新書

谷川俊太郎（詩）・瀬川康男（絵）（1973）『ことばあそびうた』福音館書店

谷川俊太郎（1993）『続・谷川俊太郎詩集』思潮社

谷川俊太郎（2008）『生きる：私たちの思い』KADOKAWA

谷川俊太郎・江頭路子（2015）『せんそうしない』講談社

谷川道子（2008）「日本からの「エクソフォニー」：多和田葉子の文学営為の位相」『総合文化研究』(12)、pp. 57–73

種村有希子（2013）『きいのいえで』講談社

田丸雅智（2015）『たった40分で誰でも必ず小説が書ける超ショートショート講座』キノブックス

田丸雅智公式サイト「海のかけら」http://masatomotamaru.com/（2021年5月26日閲覧）

田丸雅智（2020）『たった40分で誰でも必ず小説が書ける超ショートショート講座 増補新装版』WAVE出版

多和田葉子（2012）『エクソフォニー：母語の外へ出る旅』岩波現代文庫

俵万智（2019）「言葉の豊かさに触れること」『文學界』9月号、文藝春秋、pp. 59–61

近田輝行・日笠摩子（編）（2005）『楽しく、やさしい、カウンセリング

トレーニング　フォーカシングワークブック』金子書房

鄭京姫（2013）「日本語教育と「日本語人生」：ことばとアイデンティティについての私論」細川英雄・鄭京姫（編）『私はどのような教育実践をめざすのか：言語教育とアイデンティティ』第Ⅲ部、春風社、pp. 219–254

鶴田庸子（2006）「日本語学習者の「文脈」への気づきを促す：英文和訳の授業での試み」『一橋大学留学生センター紀要』(9)、pp. 63–70

寺井正憲・青木伸生（編）（2001）『ことばと心をひらく「語り」の授業』東洋館出版社

ドゥーナン, ジェーン（1993/2013）『絵本の絵を読む』（正置友子・灰島かり・川端有子訳）玉川大学出版 [Jane Doonan(1993). Looking at Picture Books, Thimble Press]

得丸さと子（2008）『TAEによる文章表現ワークブック：エッセイ，自己PR，小論文，研究レポート…、人に伝わる自分をつかむ25ステップ』図書文化社

トマセロ, マイケル（2006）『心とことばの起源を探る：文化と認知』（シリーズ認知と文化4）（大堀壽夫・中沢恒子・西村義樹・本多啓訳）勁草書房 [Michael Tomasello (1999). The Cultural Origins of Human Cognition, Harvard University Press.]

とよたかずひこ（1997）『でんしゃにのって』アリス館

豊中市立図書館（2019）「豊中市の図書館活動Ⅱ：統計・資料令和元年度（2019年度）版、https://www.lib.toyonaka.osaka.jp/katsudou_toukei_2019.pdf（2021年4月5日閲覧）

寅丸真澄（2014）「教室活動におけることばの学びとは何か：〈自己〉〈他者〉〈教室コミュニティ〉間の意味の協働構築過程に着目して」『早稲田日本語教育学』(14, 15, 16) pp. 1–24

寅丸真澄（2015）「日本語教育実践における教室観の歴史的変遷と課題：実践の学び・相互行為・教師の役割に着目して」『早稲田日本語教育学』(17, 18) pp. 41–63

寅丸真澄（2017）『学習者の自己形成・自己実現を支援する日本語教育』ココ出版

トンプソン美恵子（2016）「日本語による創作でアカデミック・スキルを磨く：留学生科目『創作ライティングを学ぶ5–6』の事例から」『早稲田日本語教育学』(20)、pp. 151–155

中川智子・尾関史（2007）「絵本を活用して『ことばの力』を育む：地域日本語教室『わせだの森』における実践を通して」『早稲田日本語教育実践研究』(6)、pp. 2–12

中村明他（編）（2011）『日本語文章・文体・表現事典』朝倉書店

ナハマノヴィッチ, スティーブン（1990/2014）『フリープレイ：人生と芸術におけるインプロヴィゼーション』（若尾裕 訳）フィルムアート. [Stephen Nachmanovitch (1990) Free Play: Improvisation in Life and Art, Penguin Group]

ニコラエヴァ, マリア・スコット, キャロル (2011)『絵本の力学』(川端有子・南隆太訳) 玉川大学出版部. [Maria Nikolajeva and Carole Scott (2001) How Picturebooks Work. Routledge Taylor & Francis Group]

西口光一 (2012)『NEJ: A New Approach to Elementary Japanese テーマで学ぶ基礎日本語 指導参考書』くろしお出版

西口光一 (2012)『NEJ: A New Approach to Elementary Japanese テーマで学ぶ基礎日本語 vol.1』くろしお出版

西口光一 (2012)『NEJ: A New Approach to Elementary Japanese テーマで学ぶ基礎日本語 vol.2』くろしお出版

西口光一 (2018)『NIJ: A New Approach to Intermediate Japanese テーマで学ぶ中級日本語』くろしお出版

西口光一 (2020)『新次元の日本語教育の理論と企画と実践：第二言語教育学と表現活動中心のアプローチ』くろしお出版

西村敏雄 (2008)『もりのおふろ』福音館書店

日本学生支援機構 (2022)『2021 (令和3) 年度 外国人留学生在籍状況調査結果』https://www.studyinjapan.go.jp/ja/statistics/zaiseki/data/2021.html (2023年10月11日閲覧)

日本語教育学会 (編) (2005)『新版日本語教育事典』大修館書店

日本語教育学会『日本語教育学』創刊号 (1962) ~ 184号 (2023)

沼田浩通 (2018)「日本語作文の授業に物語の創作をとり入れる試み：外国語高校での四コマ漫画をもちいた物語創作活動の実践報告」『日語日文學』(79)、pp. 88–104

灰島かり (2011)「翻訳」中川素子, 吉田新一, 石井光恵, 佐藤博一 (編)『絵本の事典』朝倉書店、pp. 474–483

長谷川集平 (1988)『絵本づくりトレーニング』筑摩書房

長谷川集平 (1995)『絵本づくりサブミッション』筑摩書房

バフチン, ミハイル (1929/1980)『言語と文化の記号学：マルクス主義と言語の哲学 ミハイル・バフチン著作集4』新時代社

広田紀子 (2007)『翻訳論：言葉は国境を越える』上智大学出版

日渡正行 (2013)「論理的に書くこと」『研究紀要/東京学芸大学附属高等学校』(50)、pp. 119–127

百留康晴 (2013)「日本文化における〈見立て〉と日本語」『国語教育論叢』(22)、pp. 47–57

深谷昌弘・田中茂範 (1996)『コトバの〈意味づけ論〉：日常言語の生の営み』紀伊国屋書店

福田尚法 (2013)「連詩を楽しもう！：就活連詩・仕事連詩のグループワーク」村山正治・監修『フォーカシングはみんなのもの：コミュニティが元気になる31の方法』創元社

古市直 (2015)「授業におけるジョイント・アテンション：空間論を手がかりとして」『東京大学大学院教育学研究紀要』(56)、pp. 385–394

ブルーナー, ジェローム (1990/2016)『意味の復権〔新装版〕：フォーク

サイコロジーに向けて』（岡本夏木・仲渡一美・吉村啓子訳）ミネル
ヴァ書房．[Jerome Bruner (1990) Acts of Meaning: Four　Lectures
on Mind and Culture. Harvard University Press.]

ブルーナー，ジェローム（1995/1999）「共同注意から心の出逢いへ」ク
リス，ムーア・フィリップ，ダンハム編『ジョイント・アテンション：
心の起源とその発達を探る』ナカニシヤ出版、pp.1–27. [Chris
Moore & Philip J.. Dunham (1995) Joint Attention: Its Origins and
Role In Development. Lawrence Erlbaum Associates, Inc.]

フレイレ，パウロ（1970/2011）『新訳 被抑圧者の教育』（三砂ちづる訳）
亜紀書房．[Paulo Freire (1970/2010) Pedagogia do Oprimid. Paz &
Terra]

フレッケンシュタイン，S.クリスティ（2002/2012）「国語科の授業にイ
メージを取り込む」（砂川誠司訳）『論叢国語教育学』（復刊3）、
pp.96–119

細川英雄（1999）「日本語教育と国語教育：母語・第2言語の連携と課題」
『日本語教育』（100）、pp. 57–66

細川英雄（2002）「ことば・文化・教育：ことばと文化を結ぶ日本語教育
をめざして」細川英雄（編）（2002）『ことばと文化を結ぶ日本語教
育』（日本語教師のための知識本シリーズ②）第1章、凡人社、pp.
1–10

細川英雄（2007a）「新しい言語教育を目指して：母語・第二言語教育の
連携から言語教育実践研究へ」小川貴士（編）『日本語教育のフロン
ティア：学習者主体と協働』第1章、くろしお出版、pp. 1–20

細川英雄（2007b）「日本語教育学のめざすもの：言語活動環境設計論によ
る教育パラダイム転換とその意味」『日本語教育』（132）、pp. 79–88

細川英雄（2013）「「私はどのような教育実践をめざすのか」という問い：
ことば・市民・アイデンティティ」細川英雄・鄭京姫（編）『私はど
のような教育実践をめざすのか：言語教育とアイデンティティ』春風
社、pp. 9–16

細川英雄・鄭京姫（編）（2013）『私はどのような教育実践をめざすのか：
言語教育とアイデンティティ』春風社

ボヤンヒシグ（2013）「限られた語彙を大切に」郭南燕（編）『バイリン
ガルな日本語文学：多言語多文化のあいだ』第二部「作家たちの発
言」三元社、pp.181–186

ポラニー，マイケル（1958/1985）『個人的知識』（長尾史郎訳）ハーベス
ト社．[Michael Polanyi (1958)Personal Knowledge: Towards a Post
Critical Philosophy. University of Chicago Press]

ポランニー，マイケル（1966/2003）『暗黙知の次元』（高橋勇夫訳）ちくま学
芸文庫．[Michael Polanyi (1966) The Tacit Dimension, Peter Smith]

堀雄紀（2018）「暗黙の知を再び語ることの意義：身体技法の伝承場面を手
がかりに」『京都大学大学院教育学研究科紀要』（64）、pp. 356–371

ホルツマン，ロイス（2009/2014）『遊ぶヴィゴツキー：生成の心理学へ』

新曜社．[Lois Holzman (2009) Vygotsky at Work and Play. Psychology Press.]

柾木貴之（2012）「国語教育が英語教育と連携する意義と方法について：『おおきな木』（The Giving Tree）を用いた大学授業を例に（自由研究発表）」『全国大学国語教育学会国語科教育研究：大会研究発表要旨集』（122）0、pp. 301–304

松岡正剛（2019）『編集力』（千夜千冊エディション）角川ソフィア文庫

松本一裕（2019）「言語「間」にひそむ資源：母語の内なるエクソフォニー（1）」『明治学院大学英米文学・英語学論叢』（134）、pp. 1–15

松本雄一（2002）「技能形成プロセスにおける即興」『経営行動科学学会年次大会：発表論文集』（5）、pp. 32–37

マリ，イエラ（1976）『あかいふうせん』ほるぷ出版

三藤恭弘（2012）「「文学的文章創作」の指導原理に関する一考察：波多野完治の場合」『広島大学大学院教育学研究科紀要』第二部、文化教育開発関連領域（61）、pp. 171–178

三藤恭弘（2013）「「物語の創作／お話づくり」における認識力育成に関する考察：ファンタジーの思考往還機能に着目して」『広島大学大学院教育学研究科紀要』第二部、文化教育開発関連領域（62）、pp. 209–216

三藤恭弘（2019）「「物語づくり」学習の指導及び研究のあゆみ」浜本純逸（監修）三藤恭弘（編）『ことばの授業づくりハンドブック 小学校「物語づくり」学習の指導：実践史をふまえて』溪水社、pp. 3–22

みやこしあきこ（2009）『たいふうがくる』BL出版

みやこしあきこ（2010）『もりのおくのおちゃかいへ』偕成社

みやこしあきこ（2015）『よるのかえりみち』偕成社

宮崎清孝（2009）『子どもの学び 教師の学び：斎藤喜博とヴィゴツキー派教育学』一莖書房

村上春樹（2012）『夢を見るために毎朝僕は目覚めるのです：村上春樹インタビュー集1997–2011』文春文庫

守屋三千代（2013）「日本語と日本文化における〈見立て〉：〈相同性〉を視野に入れて」『日本語日本文学』（23）、pp. 1–14

文部科学省（2018）『高等学校学習指導要領（平成30年告示）解説：国語編』https://www.mext.go.jp/content/1407073_02_1_2.pdf（2021年4月5日閲覧）

八木英二（1990）『子どもの遊びと学力の世界：就学への接続』法政出版

安冨歩（2008）『生きるための経済学：〈選択の自由〉からの脱却』NHK出版

ヤノウィン，フィリップ（2013/2015）『学力をのばす美術鑑賞：ヴィジュアル・シンキング・ストラテジーズ』（京都造形芸術大学アート・コミュニケーション研究センター訳）淡交社．[Philip Yenawine (2013) Visual Thinking Strategies:Using Art to Deepen Learning Across School Disciplines. Harvard Education Publishing Group]

山口真帆子（2002）「日本語を母語としない年少者に対する絵本を用いた

　　日本語教育：日本語イマージョン教育でのケーススタディ」『横浜国
　　大国語研究』(20)、pp. 25–11

楊峻（2008）「グループワークを用いた教室活動に対する精読受講生の受
　　け止め方の形成プロセス：会話活動と翻訳活動に注目する場合」『言
　　語文化と日本語教育』(35)、pp. 30–39

由井紀久子・大谷つかさ・荻田朋子・北川幸子（2012）『中級からの日本
　　語プロフィシエンシーライティング』凡人社

横山泰子（2011）「日本の絵本を非日本語で読む：法政大学大学院国際日本学
　　インスティテュートでの試み」『法政大学小金井論集』(8)、pp. 167–185

吉島茂・大橋理枝他（訳編）（2004）『外国語教育II外国語の学習，教授，
　　評価のためのヨーロッパ共通参照枠』朝日出版社．[Council of
　　Europe (2001). Common European framework of reference for
　　languages: Learning, teaching, assessment. Cambridge: Cambridge
　　University Press.]

吉田新一郎（2018）「訳者解説：自立した学び手をどう育てるか」グレイ，ピ
　　ーター『遊びが学びに欠かせないわけ：自立した学び手を育てる』築地
　　書館、pp. 310–322

リービ英雄（2010）『我的日本語：The World in Japanese』筑摩選書

リッチングス, A. ヴィッキー（2018）「文学教材の意義をめぐる考察：現
　　代の日本語教育における教育観の観点から」『関西学院大学日本語教
　　育センター紀要』(7)、pp. 17–31

ロシター, マーシャ・クラーク, M. キャロリン（2010/2012）『成人のナ
　　ラティブ学習：人生の可能性を開くアプローチ』（立田慶祐・岩崎久
　　美子・金藤ふゆ子・佐藤智子ほか訳）福村出版．[Rossiter, Marsha &
　　Clark, M. Carolyn (2010). Narrative Perspectives on Adult
　　Education. Jossey-Bass]

ロダーリ, ジャンニ（1973/1990）『ファンタジーの文法：物語創作法入門』
　　（窪田富男訳）ちくま文庫．[Gianni Rodari (1973) La Grammatica
　　Della Fantasia: Introduzione all`arte di inventare storie. Giulio
　　Einaudi editore.]

ロブマン, キャリー・ルンドクィスト, マシュー（2007/2016）『インプ
　　ロをすべての教室へ：学びを革新する即興ゲーム・ガイド』（ジャパ
　　ン・オールスターズ訳）新曜社．[Lobman, Carrie and Lundquist,
　　Matthiew (2007) UNSCRIPTED LEARNIG, Teachers College Press]

若山育代（2013）「幼児の好きな遊びにおける創造的な造形的見立てとは
　　何か」『美術教育学』(34)、pp. 469–477

脇本聡美（2017）「英語絵本の中の認知的道具」『神戸常盤大学紀要』
　　(10)、pp. 89–97

渡邊奈緒子（2016）「日本語多読に絵本を活用するための試み：絵本のレ
　　ベル分けにおいて考慮すべき要素とは何か」『一橋日本語教育研究』
　　(4)、pp. 177–186

Canagarajah, S. (2006) After Disinvention: Possibilities for communication, community and competence. In S. Makoni (Ed.), *Disinvention and reconstituting language*, Clevedon, UK: Multilingual Matters.

Cope, Bill, and Mary Kalantzis, eds. (2000) Multiliteracies: Literacy Learning and the Design of Social Futures. Routledge

Cope, Bill, and Mary Kalantzis, eds. (2016) *A pedagogy of multiliteracies*: Learning by design. Springer

J. A. コメニウス（1995）『世界図絵』平凡社ライブラリー

mi:te ［ミーテ］「ミーテ・カフェインタビュー vol.101 絵本作家インタビューみやこしあきこさん（後編）」KUMON，http://mi-te.kumon.ne.jp/contents/article/12–202/（2016年11月11日閲覧）

다시마 세이조（1996）『뛰어라 메뚜기』（정근 옮김）、보림출판사

미야코시 아키코（2016）『집으로 가는 길』（권남희 역）、비룡소

あとがき

　本書は、早稲田大学大学院日本語教育研究科に申請した博士論文「創造的想像力を触発する日本語教育：創作活動による日本語学習環境デザインの理論と実践」に加筆修正を加えて執筆したものです。刊行に際しては、令和5年度神戸芸術工科大学出版助成費の交付を受け、ご支援いただきました。

　筆者が日本語教師として初めて教育現場に立ったのは、韓国の大学でした。日本語教師になるために420時間の日本語教師養成講座を受講し、日本語教育能力検定試験を受験し、大学院で日本語教育を学び直しました。しかし、実際に現場に立って直面したのは、大学の日本語授業をデザインするためには、これまでに学んだ知識だけでは十分でないという現実でした。筆者が日本語教授法として習ったものは「何を教えるか」を中心とした「記憶する、理解する」タイプの学びで、「どう教えるか」という方法論もやはり「学習項目」をどう教えるかを軸にしたものでした。それこそ「学習項目」を積み上げただけでは大学の授業を全体としてデザインするのは難しいと感じました。学習しなければならない項目を単なる「詰め込み教育」の域を越えて、高等教育における教育的なビジョンをもったものとしてどのように落とし込んでいけばよいかについては、そのための理念も方法論も持っていないことを知ったのです。こうして目の前の授業をどのようにデザインすればよ

いか、格闘の日々が始まりました。

　韓国の教育を取り巻く状況については本書の冒頭ですでに述べましたが、そうした中にあって幸いだったのは、さまざまな試みを好意的に受け止めてくれる職場環境だったことです。さまざまな学習法を試行するなかで最も手応えを感じたのは、何かを「つくる」ことを通じて学んでいく方法でした。ポスターやCM、デジタルストーリーテリングなどを制作して発表したり、ライフストーリーインタビューを文集にまとめたりライフキャリアプランを作ったりと、何かを「つくる」という目標のなかに日本語の学習を落とし込んでいくことで、学生たちが主体的に取り組める授業をデザインすることができるようになっていきました。そして、そのなかで、最も学生たちの意外な一面、新しい魅力に気づかせてくれたのが詩や物語の創作でした。

　本書の大きな原動力になったのは、詩や物語の創作に楽しみながら挑戦してくれる学生たちの姿です。彼ら彼女らの存在があったからこそ、筆者は日本語教育における創作の可能性を信じることができるようになり、それは次第に確信へと変わっていきました。学生たちとの思い出がたくさんつまった実践を、このような形でまとめることができたことを嬉しく思います。この場をお借りして、筆者の教育研究に理解を示してくださった世明大学の金弼東先生、蔚山大学の魯成煥先生、蔚山大学の洪聖牧先生、全南大学の金容儀先生、韓国放送通信大学の李愛淑先生、そして受講生のみなさんに感謝申し上げます。

　研究成果を学位論文にまとめる過程では、多くの先生にご指導と励ましを賜りました。主指導を引き受けてくださいました早稲田大学大学院日本語教育研究科教授 舘岡洋子先生には終始温かいご指導を賜りました。厚く御礼申し上げます。副指導を引き受けてくださった同教授 川上郁

雄先生には、本研究の大きな方向性を拓くご指導を賜り、論文の仕上げ段階においても忍耐強く励まし、丁寧なご指導を賜りました。池上摩希子先生には、副指導として数々の有益なご指摘と心温まる励ましをいただきました。横浜国立大学名誉教授 門倉正美先生には、論文の執筆にあたって温かいご指導と激励をいただきました。また、本書の刊行に際してもお力添えいただきました。韓国の学会で出逢わせていただけた幸運と、賜ったありがたいご指導に、改めて心より感謝申し上げます。

　その他にも、論文執筆の過程でさまざまな方にお世話になりました。円光大学大学院韓国文化学科教授 朴淳希先生には、博士論文内の韓国語のチェックをお願いし、丁寧に見ていただきました。カタルタを使った実践研究では、実践報告執筆の際にカタルタ制作者でありナゼカ代表の福元和人氏に有益なご助言をいただきました。五行歌の実践では、豊中五行歌会において代表の上田静子様をはじめとする会員の皆さまから、また、関西合同歌会では、主宰者の草壁焔太先生をはじめとする会員の皆さまから、有益なご助言をいただくとともに、草壁先生のご配慮で蔚山大学の学生たちの作品を『五行歌』（2021年4月号）に掲載していただくことができました。当時五行歌の会の事務局におられた佐々木龍先生には、日本語教師でもいらっしゃることから、ご自身の貴重な資料をご提供いただきました。記して感謝申しあげます。

　本書の刊行にあたりココ出版の社長吉峰晃一朗氏と田中哲哉氏に、ご尽力を賜りました。また、装丁は、神戸芸術工科大学大学院修士課程の馮曼静さんにお願いし、素敵な本に仕上げていただきました。研究を続ける上で励まし続けてくれた家族にも心から感謝の気持ちを伝えたいと思います。本書を書き上げるまでに、数えきれないほど多くの方にお世話になりました。皆さまに心より御礼申し上げます。

最後に、この本を手に取り読んでくださった皆さまに感謝申し上げます。拙いものではありますが、この本をきっかけにして日本語教育の現場で創作の輪が広がっていくならば、これほど嬉しいことはありません。

2024年1月20日
小松 麻美

［著者］

小松麻美　こまつ・あさみ

東京都生まれ。神戸芸術工科大学芸術工学教育センター 准教授。
京都精華大学人文学部卒業、一橋大学大学院社会学研究科修士課程
修了、京都外国語大学大学院外国語学研究科修士課程修了、早稲田
大学大学院日本語教育研究科博士後期課程修了。博士（早稲田大学、
日本語教育学）。この間に、韓国・世明大学日本語学科、韓国・蔚山
大学日本語・日本学科等で教鞭を執る。専門は日本語教育、学習環
境デザイン、創作（クリエイティブ・ライティング）、絵本の比較研究。
主な論文に、「日本語教育における『物語の創作』の意義と展望：
創造的想像力の育成とことばの学び」『早稲田日本語教育学』（29
号）、「絵本の翻訳ディスカッションにみる「絵」の働き：『よるの
かえりみち』の日韓訳を例に」『日本文学研究』（74号)、「日本語
学習者と楽しむ物語の創作：田丸式メソッドによる超ショートショ
ートづくりをめぐって」『日語日文學研究』（第102輯1巻）など。

日本語教育に創作活動を！
詩や物語を書いて日本語を学ぶ

2024年2月20日　初版第1刷発行

著者 ——————— 小松麻美
発行者 —————— 吉峰晃一朗・田中哲哉
発行所 —————— 株式会社ココ出版
　　　　　　　　　〒162-0828　東京都新宿区袋町25-30-107
　　　　　　　　　電話　03-3269-5438　ファクス　03-3269-5438
装丁 ——————— 馮 曼静
組版設計 ————— 長田年伸
印刷・製本 ———— 株式会社シナノパブリッシングプレス

定価はカバーに表示してあります
ISBN978-4-86676-072-8
© Asami Komatsu, 2024
Printed in Japan